P9-DTT-183

ELOGIOS PARA
CRÍA HIJOS QUE RESPETEN A LAS CHICAS

«Me emociona el nuevo libro de Dave, que nos ayudará a guiar a nuestros niños hacia relaciones saludables con las chicas. Eso es lo que todos queremos, pero quizá no sabemos cómo hacerlo. En esta época del #MeToo, este libro, de un respetado líder de pensamiento, pastor y padre de cuatro varones, es exactamente lo que necesitamos para enseñar a nuestros hijos a honrar y defender a las mujeres, sin disminuir la masculinidad saludable. Criemos a una generación de hombres que respetan a las mujeres».

—SHAUNTI FELDHAN, INVESTIGADORA SOCIAL Y AUTORA
BEST SELLER DE *FOR WOMEN ONLY* Y *FOR PARENTS ONLY*

«Como padre de dos hijos varones, quiero inculcar en ellos la lección precisa aprendida de este libro. El reto para todos nosotros es que criar niños para que se conviertan en hombres que traten con respeto a las mujeres no es algo que sucede automáticamente. En este libro descubrirás no solo el "cómo", sino también la capacidad para enseñar a tus niños el "porqué". Como extra, la narrativa de Dave es contagiosa, y su enseñanza es valiente. Él es sin duda alguna el autor adecuado para transmitir este mensaje. Si eres padre de varones (o de niñas), ¡no lamentarás la lectura de este libro!».

—BRENT EVANS, PRESIDENTE DE MARRIAGETODAY
Y FUNDADOR DE XOMARRIAGE.COM

«Nuestra cultura envía mensajes mezclados y dañinos sobre lo que significa ser un hombre. Como papá de dos hijos varones, ha sido una batalla constante ayudarlos a evitar interiorizar esas ideas destructivas. Por eso estoy agradecido por el libro de Dave Willis. Ayudará a los padres y madres a equipar a sus niños para tener una visión bíblica y redentora de la masculinidad».

—JIM DALY, PRESIDENTE DE ENFOQUE A LA FAMILIA

«Como superviviente de abuso infantil y violencia doméstica, uno de mis mayores sueños para mis hijas es que Dios las bendiga con esposos amorosos, tiernos y honorables. Leer *Cría hijos que respeten a las chicas* me ha dado una esperanza profunda para la generación de nuestros hijos. Las palabras humildes, compasivas y conmovedoras de Dave Willis nos proporcionan una hermosa ventana al corazón de un padre que desea no solo criar a sus propios niños para que sean modelos de Jesús, sino también inspirar a otros padres y madres a hacer lo mismo. En lugar de avergonzar la masculinidad, Dave la eleva como una bendición de Dios a ser celebrada y utilizada para modelar a Jesucristo. Estoy agradecida por este libro».

—Jennifer Greenberg, autora de *Not Forsaken:
A Story of Life After Abuse*

«Muchos críticos de la cultura moderna tanto dentro como fuera de la iglesia están parados en las riberas de un río quejándose sobre toda la basura que llega corriente abajo. Gran parte de la crítica gira en torno al estado de la masculinidad. Una de las mayores necesidades de la época es de hombres y mujeres que avancen corriente arriba y eviten que la basura sea lanzada al río en un principio. Es mi firme creencia que el problema corriente arriba de nuestra época es el de los corazones de los hombres. Dave Willis ha hecho el viaje corriente arriba no solo para identificar el problema, sino también para darnos soluciones prácticas. La salud de una iglesia, una comunidad y una cultura nunca puede sobrepasar la salud de los corazones de sus hombres».

—Scott Nickell, pastor de enseñanza, Southland Christian Church; copresentador del *Pódcast The Locker Room*

«Este libro no trata sobre masculinidad tóxica o las guerras de género. *Cría hijos que respeten a las chicas* habla sobre las cosas tranquilas y aparentemente desapercibidas que suceden cada día y que perpetúan la mentalidad de que las mujeres no son dignas de amor y respeto. Con sinceridad y convicción audaces, Willis comparte sus propios errores del pasado, su lucha actual para poner fin al ciclo con sus cuatro hijos varones, y consejos prácticos que todos podemos implementar mientras trabajamos hacia un futuro transformado».

—Amanda Luedeke, vicepresidenta y agente en MacGregor & Luedeke

«Dave Willis es un orador y escritor ungido. Sin importar dónde estés en tu viaje en la educación de los hijos, necesitas leer este libro».

—Dr. Scott y Leah Silverii, autores de Life After Divorce y Uncuffed: Bullet Proofing Law Enforcement Marriages

«Dave Willis habla con valentía de temas que son imprescindibles de abordar con todos los hombres, jóvenes y viejos por igual. Su transparencia directa y valiente, mediante la experiencia personal y francas entrevistas, destapa e ilumina patrones arraigados que siguen manteniendo atadas a las mujeres. Dave revela poderosamente las luchas ocultas y llama a más a la siguiente generación de hombres. *Cría hijos que respeten a las chicas* es un recurso obligado para cualquiera que esté educando a niños».

—Lauren Reitsema, autora; vicepresidenta de Strategy and Communications, The Center for Relationship Education

«Este libro es para cada padre y madre preocupados por criar niños en nuestra época. Dave nos ayuda a entender el reto de criar "hombres de honor" en una cultura complicada y confusa. Comparte sus propias luchas con su humor característico y un estilo práctico que proporciona respuestas factibles que toda mamá y papá necesitan. ¡Hazte un favor a ti mismo y a tus niños y lee este libro hoy!».

—Garrett Booth, pastor de Grace Houston

«Quienes creen erróneamente que es imposible ser eficaz como padre o tutor no saben nada sobre *Cría niños que respeten a las chicas*. Cualquiera que tenga preocupaciones sobre criar a niños necesita este libro en su biblioteca personal. La dedicación de Dave a su familia deja una huella duradera sobre las agradables medidas de criar a niños respetables. ¡Es dinámico! Palpita con energía espiritual... ¡esperando ser leído!».

—Mgtr. Kimberly Baxter-Lee, administradora, Charles Henry Terrell Academy; profesora de historia en Paine College

«Más que nunca antes, nuestros niños necesitan saber qué es un hombre de verdad... y lo que no es. Como mamá de cuatro niños me apasiona criar a mis hijos para que lleguen a ser hombres buenos y piadosos, y sin embargo la cultura en la que los criamos puede hacer que eso sea realmente difícil. Necesitamos desesperadamente una voz razonable para ayudar a las familias a captar una visión para criar a varones que sean hombres de verdad: hombres de carácter e integridad. Hombres que respeten a las mujeres. En las páginas de este libro, Dave Willis ofrece esa voz razonable; y este mundo sería mucho mejor si todos los padres y madres que están criando niños pudieran leerlo».

—Monica Swanson, autora de *Boy Mom*; presentadora del Pódcast The Boy Mom; bloguera en Monicaswanson.com

«El tono que Dave establece en este libro es de gracia y de verdad. No critica o vapulea a los hombres o los padres, sino que hace entender por qué las cosas son como son. Creo verdaderamente que cualquiera que lea este libro tendrá la capacidad de ayudar a cambiar la dirección de nuestra cultura. Es un libro que no tenía ni idea de que había estado esperándolo hasta que lo leí».

—Barclay Bishop, reportera y presentadora, Network TV News

«Los varones necesitan modelos a seguir que les muestren cómo se ve la masculinidad verdadera, que incluye relacionarse con las chicas de manera honorable, sin convertirlas en objetos o rebajarlas. Willis impulsa a los padres y madres a poner fin a la falta de respeto hacia las mujeres y el desprecio hacia los varones, mediante ilustraciones conmovedoras, estadísticas aleccionadoras, y un camino hacia adelante esperanzador. Como padres de tres varones y dos niñas, estamos profundamente agradecidos por este recurso atemporal y oportuno. Recomendamos encarecidamente este mensaje a cualquiera que esté criando o impactando a la siguiente generación.

—Adam Reid, pastor principal de Central Michigan Christian Church; y Katie M. Reid, autora de *Made Like Martha*; padres de cinco hijos estupendos (entre 3 y 15 años de edad)

«Este es el libro más importante que he leído en bastante tiempo. Dave Willis habla bíblicamente, y a la vez sinceramente, sobre el problema global de criar niños que respeten a las chicas. Esta mamá de varones no podía dejar de leerlo. ¡Es lectura obligada!».

—AMBER LIA, COAUTORA *BEST SELLER* DE
TRIGGERS Y *PARENTING SCRIPTS*

«*Cría hijos que respeten a las chicas* es un chequeo de realidad muy necesario, que nos recuerda que se necesita la máxima valentía, perseverancia e intención para criar niños que estén dispuestos a ir en contra de la fuerte voz de la cultura. Pero el recordatorio más importante es que una vida de respeto tiene que comenzar con cada uno de nosotros, a medida que guiamos a nuestros hijos mediante el ejemplo. ¡Estoy agradecida por la valiente verdad que hay en este libro esperanzador!».

—MTR., CPL, DEBRA FILETA, AUTORA DE *CHOOSING MARRIAGE*; CREADORA DE TRUELOVEDATES.COM

«*Cría hijos que respeten a las chicas* podría ser uno de los libros más importantes que he leído jamás. Como papá de cuatro hijos varones, siento una profunda carga por criar a jóvenes varones que honren y respeten a las mujeres. La crisis es real, y los retos del presente hacen que este libro sea tan relevante. Willis ayuda al lector a seguir el ejemplo de Cristo en el modo en que él elevó y trató a las mujeres. Estoy deseando hablar de este libro con mis hijos y con otros papás y sus hijos».

—SCOTT KEDERSHA, DIRECTOR DE MARRIAGE MINISTRY, WATERMARK COMMUNITY CHURCH; AUTOR DE *READY OR KNOT? 12 CONVERSATIONS EVERY COUPLE NEEDS TO HAVE BEFORE MARRIAGE*

«Este libro es esencial para nuestra época. Dave no se refrena, presentando una verdad sincera e investigada combinada con un corazón apasionado. Los comentarios de las mujeres hacen que este recurso sea aún más valioso. La verdad espiritual con sabiduría práctica crea un recurso clínicamente sensato y a la vez fácil de leer para todos, además de los papás de niños. Este libro cambiará el pensamiento cultural».

—DRA., CPL, CASSIE REID, DIRECTORA SUPERVISORA DE THE MASTER IN MARRIAGE AND FAMILY THERAPY PROGRAM, THE KING'S UNIVERSITY AT GATEWAY

CRÍA HIJOS QUE RESPETEN A LAS CHICAS

WITHDRAWN

CRÍA HIJOS QUE RESPETEN A LAS CHICAS

Supera la mentalidad machista, los puntos
ciegos, y el sexismo involuntario

DAVE WILLIS

© 2020 por Grupo Nelson
Publicado en Nashville, Tennessee, Estados Unidos de América.
Grupo Nelson es una marca registrada de Thomas Nelson.
www.gruponelson.com

Título en inglés: *Raising Boys Who Respect Girls*
© 2019 por Dave Willis
Publicado por Thomas Nelson. Thomas Nelson es una marca registrada de
HarperCollins Christian Publishing, Inc.

Todos los derechos reservados. Ninguna porción de este libro podrá ser
reproducida, almacenada en ningún sistema de recuperación, o transmitida en
cualquier forma o por cualquier medio —mecánicos, fotocopias, grabación u
otro—, excepto por citas breves en revistas impresas, sin la autorización previa
por escrito de la editorial.

A menos que se indique lo contrario, todas las citas bíblicas son de la Nueva
Traducción Viviente, © Tyndale House Foundation, 2010. Usada con permiso
de Tyndale House Publishers, Inc., 351 Executive Dr., Carol Stream, IL 60188,
Estados Unidos de América. Todos los derechos reservados.

Las citas bíblicas marcadas «NVI» son de la Santa Biblia, Nueva Versión
Internacional® NVI®. Copyright © 1999, 2015 por Biblica, Inc.® Usada con
permiso de Biblica, Inc.® Todos los derechos reservados.

Los sitios web, números telefónicos y datos de compañías y productos
mencionados en este libro se ofrecen solo como un recurso para el lector.
De ninguna manera representan ni implican aprobación ni apoyo de parte de
Grupo Nelson, ni responde la editorial por la existencia, el contenido o los
servicios de estos sitios, números, compañías o productos más allá de la vida
de este libro.

Editora en Jefe: *Graciela Lelli*
Traducción: *Belmonte Traductores*
Adaptación del diseño al español: *Mauricio Diaz*

ISBN: 978-1-40021-998-8
Impreso en Estados Unidos de América

20 21 22 23 24 LSC 9 8 7 6 5 4 3 2 1

Este libro está dedicado a mis extraordinarios hijos varones:
Cooper, Connor, Chandler y Chatham.
Los amo, y estoy muy orgulloso de ustedes.
Sé que crecerán y se convertirán en hombres dignos de
gran respeto, y a medida que maduran, que sean siempre
hombres que respetan y protegen a las mujeres.

CONTENIDO

INTRODUCCIÓN

Mi hijo de trece años, Cooper, llegó a casa tras su primer día de octavo grado con una expresión de perplejidad en su cara. Mi esposa Ashley y yo comenzamos inmediatamente a lanzarle preguntas sobre su primer día, y él musitó algunas respuestas breves mientras miraba su teléfono. Como la mayoría de los varones adolescentes, parecía mucho más interesado en llegar a sus juegos de video que en seguir una conversación sobre la escuela.

Lo chantajeamos con unos aperitivos para que la conversación siguiera adelante, y antes de terminar su último bocado de Hot Pocket de pepperoni nos hizo una pregunta que casi nos deja sin habla a los dos. Se aclaró la garganta y movió un poco los pies mientras buscaba las palabras adecuadas, y finalmente soltó: «¿A las chicas les gusta cuando los chicos les envían fotos de su pene?».

Como podrás imaginar, esta pregunta hizo surgir algunas preguntas de seguimiento inmediatas por nuestra parte. Intentamos no parecer asombrados, porque hemos descubierto que mientras más calmados nos mantengamos, más nos contarán nuestros hijos. En el momento en que nos asustamos, ellos se cierran. Intentamos parecer calmados y seguimos haciendo preguntas, lo cual finalmente reveló que algunos de los chicos que iban en su autobús escolar habían estado tomando fotografías de sus genitales y mostrando esas fotos a los otros muchachos en el autobús y también enviando en mensajes de texto esas imágenes a otros muchachos.

Un chico mostraba rápidamente una fotografía y se reía mientras decía: «¡A las chicas les encanta que les envíen estas fotos!».

El chico intentó situar su teléfono delante de la cara de Cooper, pero Cooper apartó el teléfono y dejó claro que no tenía ningún interés en participar en eso. Nuestro hijo quedó perplejo por ese tipo de conducta, pero también estaba asombrado por esa valiente afirmación del muchacho. *¿Realmente les gusta a las chicas cuando los chicos hacen eso? ¿Es así como en realidad han de funcionar las relaciones?*

Le dijimos a Cooper que él había hecho lo correcto al enfrentarse a ese tipo de conducta obscena, y Ashley le aseguró: «No, puedo prometerte sin dudas que a las chicas no les gusta recibir ese tipo de fotografías. Podrían reírse por asombro o nerviosismo, pero en su interior estarán asqueadas, ofendidas, y posiblemente incluso aterradas. Los chicos siempre deberían tratar a las chicas con respeto, y lo que esos muchachos están haciendo es a la vez irrespetuoso e ilegal».

Podrías imaginar a los chicos en ese autobús como una fila policial de duros criminales, pero esos niños provienen en su mayor parte de familias intactas, estables, con educación superior, y acaudaladas. Esta ruta de autobús daba servicio a barrios de clase media-alta y a un buen número de comunidades cerradas. La zona tiene un índice increíblemente bajo de delitos y está considerada como uno de los mejores distritos escolares en el estado. Me di cuenta entonces de que si este tipo de conducta se estaba produciendo en nuestra comunidad, hay muchas probabilidades de que esté sucediendo en todas partes.

Este incidente con Cooper es uno de los incontables incidentes que me enviaron a una búsqueda para encontrar respuestas e intentar convertirme en una pequeña parte de la solución al extendido maltrato, objetificación y falta de respeto hacia las mujeres. A medida que comenzaron a aparecer con mayor frecuencia nuevas historias que presentaban a mujeres siendo abusadas, también alimentaron este viaje. Cada encuentro con la injusticia seguía impulsándome hacia adelante. Mientras más investigaba, más me convencía de que el problema es incluso mayor de lo que hemos creído, y la solución solamente puede encontrarse en equipar adecuadamente a la siguiente generación.

Como padres y educadores de niños, tú y yo tenemos la influencia y la responsabilidad de enseñar a la siguiente generación de hombres a respetarse a sí mismos y a respetar a la siguiente generación de mujeres. No escribo esto como un hombre que tiene todas las respuestas. Te estoy invitando a un viaje donde podríamos terminar con más preguntas que respuestas, pero es un viaje que podría tener efectos profundos y positivos para nuestros niños y sus hijos, durante generaciones futuras. Sobre todo lo demás, soy tan solo un papá que quiere criar hijos que respeten a las chicas y que maduren hasta llegar a ser hombres que respeten profundamente a las mujeres.

Si eres el papá de varones, haz este viaje conmigo, y juntos podemos mantener algunas charlas de hombre a hombre sobre cómo criar a nuestros hijos para que sean hombres de integridad y cómo podemos ser también nosotros hombres de integridad. Este viaje puede ayudarte a ti y a tu(s) niño(s) a estar más unidos teniendo algunas conversaciones profundas y significativas. Espero que suceda lo mismo para mis hijos y yo.

Si eres una mamá de varones, espero poder abrir el telón y ayudarte a entender el proceso de pensamiento de tu(s) hijo(s). Entender su constitución mental masculina será esencial en este viaje. Criar niños que respeten a las chicas no significa que tengamos que demonizar o subestimar la masculinidad. Por el contrario, estaremos ayudando a nuestros niños a reclamar la verdadera hombría cuando les enseñemos a respetar la verdadera feminidad. Este viaje te ayudará a acercarte a tu(s) hijo(s) fomentando una comprensión mutua y abriendo nuevas líneas de comunicación.

Unos breves y rápidos descargos de responsabilidad e instrucciones: en primer lugar, necesitas saber que este viaje estará lleno de sorpresas. El libro probablemente no será lo que estás esperando, y yo probablemente no sea quien tú esperabas que escribiera un libro sobre este tema. Los mejores viajes en la vida son generalmente los inesperados.

Este libro no es un llamado al progresismo o el conservadurismo. No tiene la intención de ser una declaración política, porque ponemos en las manos de la política y los políticos demasiadas cosas para producir un cambio real que solamente puede producir un corazón transformado. Las ideas e ideales que leerás podrían parecer radicales a veces, pero las enseñanzas y las acciones valientes y contraculturales de Jesús parecieron lo bastante radicales para la clase dirigente de su época, hasta el punto de querer verlo ejecutado. Como seguidores de Cristo, si a veces no parecemos un poco radicales, podríamos estar no captando el asunto.

Este libro no intentará avergonzar a los hijos por ser varones. ¡Los hijos son asombrosos! Yo estoy orgulloso de tener hijos varones, y quiero que mis hijos y los tuyos obtengan los ideales más elevados de la auténtica hombría. Tristemente, muchos chicos y hombres modernos tienen una perspectiva quebrada de la hombría y una perspectiva quebrada de ellos mismos en general. En el reciente e investigado libro *The Boy Crisis* [La crisis de los chicos], los autores señalan algunas tendencias asombrosas en las perspectivas modernas de la masculinidad. Sugieren que el reciente bombardeo de nuevas historias que presentan a los hombres y los chicos comportándose mal han causado que muchos chicos se sientan avergonzados de su género, y que muchos futuros padres y madres tengan una esperanza desproporcionada de tener hijas en lugar de varones.[1]

Sin duda, yo quiero llamar a los chicos y los hombres a un elevado estándar, pero no tengo deseo alguno de avergonzar a los chicos por ser varones o intentar deconstruir la hombría moderna y sustituirla por una visión de la hombría más feminizada o neutral en género. Por el contrario, quiero volver a captar los ideales bíblicos y atemporales de la hombría. Quiero vivirlos en mi propia vida y enseñar a mis hijos a hacer lo mismo. Los delitos contra las mujeres no se detendrán porque los hombres rechazan la idea de hombría; las mujeres finalmente serán tratadas con respeto cuando los varones acepten la hombría auténtica.

Los hombres de verdad respetan a las mujeres. Sé que hay mucha controversia y confusión en torno a lo que significa ser un «hombre de verdad», y pasaré una gran parte del tiempo desarrollando estos conceptos en capítulos posteriores. Pero, aunque mi mensaje sobre la hombría llegará desde la experiencia personal y la investigación social, también tendrá su fundamento en la Biblia, lo cual podría sorprender a algunos lectores. La Biblia no es un manual arcaico y rígido que está lleno de misoginia, sino más bien es el libro que tiene las soluciones que necesitamos. También creo que Jesucristo es la fuente y la personificación de toda la verdad. Argumentaré que Él hizo más durante su vida para avanzar, reconocer y respetar a las mujeres que ninguna otra persona en la historia.

No tienes que compartir mi fe en Cristo para beneficiarte de estos principios, pero que sepas que escribo desde una cosmovisión bíblica y centrada en Cristo proporciona un contexto importante.

Si tienes una mentalidad de que cristianismo y respeto por las mujeres son en cierto modo incompatibles, espero cambiar por completo tu opinión. Seas cristiano o no, por favor lee el capítulo titulado «Jesús, quien respeta a las mujeres». Podría ser el capítulo más importante en este libro y podría alterar permanentemente algunos de tus paradigmas (como Jesús sigue alterando mis propios paradigmas).

Si eres cristiano y estás leyendo estas palabras, necesito advertirte que este libro no es lo que encontrarías normalmente en la sección cristiana en la librería. A veces voy a ser muy claro y utilizar palabras concretas (especialmente cuando son referentes al sexo) que podrían hacer que aparecieran en tu cara 50 sombras de sonrojo. No lo hago para causar asombro, pero hay demasiados de mis colegas escritores cristianos que han blanqueado y aguado estos asuntos por temor a ofender. Algunas veces, la verdad clara y específica es la única manera de comunicar adecuadamente.

Dejemos de dar vueltas alrededor de estos problemas y tengamos una charla clara y franca. Por favor, quédate conmigo y ten una mente abierta, incluso si algunas de las historias te hacen estremecer un poco. Te aseguro que estoy tan incómodo como cualquiera con los niveles de franqueza que sentí que eran necesarios en ciertas secciones. Los atravesaremos juntos, y espero que podamos aprender algunas perspectivas valiosas a lo largo del camino.

El formato de este libro incluye muchos hechos y estadísticas, pero principalmente está compuesto por historias. Si sigues leyendo después de la introducción, pronto descubrirás que me gusta mucho contar historias. Creo que es la mejor manera en que aprendemos. Algunas de las historias que encontrarás en las páginas siguientes son alegorías ficticias, pero la mayoría son reales en un sentido factual. En las ocasiones apropiadas, he cambiado los nombres y otros detalles identificativos para proteger la privacidad de las personas implicadas.

En mis historias probablemente verás también que tengo un sentido del humor un poco torcido y a veces irreverente.

Así soy yo. Intento no tomarme a mí mismo demasiado en serio, pero por favor has de saber que no me tomo a la ligera este tema. El humor es con la intención de mantenerte involucrado, y el entretenimiento nunca tiene la intención de disminuir la importancia del tema que tratamos. También me disculpo de antemano por cualquier juego de palabras digno de vergüenza o «broma de papás». Yo soy un papá. A veces no puedo evitarlo.

Probablemente también debería decirte que no soy psicólogo, un experto con un doctorado en este campo, o una cabeza parlante en las noticias por cable. Este libro será más heterodoxo (y espero que más entretenido) que si uno de esos hombres lo hubiera escrito. Yo no tengo una maestría en el campo de la ciencia social, años de experiencia en el ministerio juvenil y universitario, ni mucha experiencia como papá, sino que soy ciertamente un forastero cuando se trata de este tema. Por favor, ofréceme gracia, y recuerda que todo gran movimiento ha sido alimentado, al menos en parte, desde voces poco probables y personas ajenas al tema.

También necesito confesar un hecho importante que espero no me haga perder toda la credibilidad delante de ti sobre este tema. Esto podría sorprenderte, de modo que te animo a que te sientes antes de conocer esta asombrosa revelación... soy un hombre. Eso es, soy un colega.

Quizá te sientas ofendido por la idea de que un hombre escriba un libro sobre este tema, porque creemos que solamente reafirma los patrones patriarcales que crearon estos problemas en un principio. Si eres de esa idea, ciertamente no quiero subestimarte o desacreditar tus convicciones; pero también te alentaría a reconocer que los hombres han jugado un gran papel a la hora de crear este problema, de modo que necesitamos la oportunidad de ser una parte en la creación de soluciones. Eso no es chovinismo o feminismo; creo que es simplemente sentido común.

Como una manera de dar a las mujeres «la última palabra» sobre los temas que estaremos abordando, terminaré cada capítulo con citas escogidas de mujeres y chicas de todas las edades. La mayoría de estas citas se dieron como respuesta a una petición que yo hice en redes sociales. En mis canales públicos, publiqué lo siguiente:

> Señoras, estoy escribiendo un libro sobre cómo criar hijos que respeten a las chicas, y necesito sus perspectivas. Por favor, compartan sus experiencias. ¿Qué hacen los hombres y los chicos para hacerles sentir respetadas, y qué hacen los hombres y los chicos para hacerles sentir poco respetadas? Por favor, compartan también cualquier historia de abuso o maltrato en el pasado que estarían dispuestas a compartir públicamente, y también cualquier perspectiva adicional que crean que pudiera ser útil. Compartiré algunas de estas citas en mi libro. ¡Gracias!

Estoy agradecido por los cientos de mujeres que respondieron. He sido inspirado especialmente por las mujeres valientes que estuvieron dispuestas a compartir públicamente sus horribles relatos de abuso en el pasado. Este libro, y también mi propia perspectiva, son mucho más ricos debido a su valentía, sabiduría y perspectivas. También he incluido citas de chicos y hombres de varias edades, y sus experiencias también han enriquecido mucho mi perspectiva y el mensaje de este libro.

En las secciones «En palabras de las mujeres», al final de cada capítulo, he incluido una edad junto con un nombre y la inicial de un apellido en cada cita como manera de proporcionar contexto acerca de la experiencia de vida de cada mujer. Las edades fueron tomadas de los perfiles públicos en redes sociales de las mujeres, y algunas se calcularon desde otros datos públicos disponibles en los casos en que la edad exacta no era accesible. Además, algunas citas son paráfrasis de conversaciones que he mantenido con amigas, colegas y familiares femeninas a lo largo de los años.

Como un hombre que escribe sobre este tema, soy totalmente consciente de que aún tengo mucho que aprender; pero también creo que mi perspectiva masculina puede aportar algo importante a la conversación, ayudando simultáneamente a los hombres a reconocer cómo nuestras acciones, actitudes y puntos ciegos colectivos se están transmitiendo a nuestros hijos y también ayudando a las mujeres a aprender sobre el proceso de pensamiento masculino para entender mejor a sus esposos, sus hijos, y los otros hombres que están en sus vidas.

Gran parte de la falta de respeto colectiva de los hombres no ha sido intencionada, lo cual no es una excusa, sino un factor importante. En mi investigación y mis entrevistas con mujeres para este proyecto, una mujer dijo: «La mayoría de los hombres muestran cierta forma de falta de respeto hacia las mujeres, pero estoy convencida de que normalmente no es intencional. Creo que la mayoría de los hombres cambiarían si reconocieran que lo que estaban diciendo o haciendo está siendo percibido por las mujeres como irrespetuoso».

Estoy en un viaje de descubrimiento de estos puntos ciegos en mi propia vida, y asegurándome de estar haciendo todo lo posible para ayudar a mis hijos a no repetir mis propios errores. Estoy trabajando para reformular mi propio papel en esta historia y ayudar a otros hombres (y mujeres) a hacer lo mismo. Para aquellos de nosotros que somos padres y madres (o padrastros y madrastras), criar hijos que respeten a las chicas representa una de nuestras obligaciones más sagradas como papás o mamás. Juntos, podemos producir un cambio duradero aportando más respeto en el mundo.

Puede que yo no haya sido el candidato más probable para escribir este libro, pero me siento apasionado por practicar este mensaje en mi propia vida y con mi propia familia. Yo mismo estoy en este viaje, y te invito a que me acompañes. En lo más íntimo soy un alentador, y quiero aprovechar cada pedacito de influencia que pueda reunir para alentar a mi generación a hacer cambios positivos para beneficiar a la generación siguiente.

También soy esposo y el papá de cuatro hijos varones preciosos. Mi principal motivación para escribir este libro es cumplir con mi obligación sagrada de enseñarles a respetar a su mamá, a respetar a las mujeres con las que se casarán en un futuro, a respetar a sus propias hijas, y a respetar a todas las féminas que hay en sus vidas. Esto podría plantear una pregunta: «¿Y qué sobre enseñar a las chicas a respetar a los chicos, o enseñar a los chicos a respetar a otros chicos y respetarse a sí mismos? ¿Acaso eso no es importante también?».

Sin ninguna duda, quiero que mis hijos respeten a los varones y también se respeten a sí mismos, y eso será parte de la discusión, pero ellos (como la mayoría de nosotros) ya han sido condicionados de modo subconsciente y sutil para mostrar respeto hacia los hombres de modo más natural que hacia las mujeres. Mostrar más respeto a las mujeres no disminuirá la cantidad de respeto que ofrecen a los hombres o a ellos mismos. El verdadero respeto nunca sustrae o divide, sino que multiplica. En cuanto a un libro sobre enseñar a las hijas lo que deberían hacer, dejaré eso para alguien que realmente tenga hijas.

Este libro hablará de retos y soluciones que impactan todo el planeta, pero estos cambios deben ser implementados familia a familia. Comenzaré con mi propia familia. Si mis hijos son los únicos impactados por el mensaje de este libro, bien valió la pena el esfuerzo de escribirlo. Sin duda, espero que tu familia y tú también sean impactados. Incluso si una sola persona acepta este mensaje, el impacto generacional y relacional será inmensurable. Si muchos de nosotros aceptamos y personificamos este mensaje, ¡el mundo se verá diferente (y mejor) dentro de una generación!

Gracias por emprender este viaje conmigo. Gracias por ser parte de la solución a uno de los problemas más inquietantes del mundo. Gracias por defender a todos nuestros hijos e hijas. Vamos a comenzar.

CAPÍTULO 1

LA CRISIS ACTUAL

*De todos los males de los cuales el hombre se
ha responsabilizado a sí mismo, ninguno es
tan degradante, tan asombroso o tan brutal
como su abuso de la mejor mitad de la humanidad: el sexo femenino.*

—MAHATMA GANDHI

Las chicas gritaban en busca de ayuda, pero nadie parecía interesarse. Después de todo, eran tan solo adolescentes huérfanas y pobres. Indignas. Problemáticas. Sucias.
Desechables. Estas eran las etiquetas que sus supuestos cui-
dadores les habían asignado.

1

Por supuesto, no eran etiquetas precisas. Las chicas eran realmente mucho más. Muy valiosas. Amadas. Atesoradas. Escogidas. Adoptadas. Estas son las etiquetas que Dios había escogido para ellas, pero los criminales corruptos que dirigían el orfanato parecían interesarse poco por lo que Dios pudiera decir.

Las mismas personas que deberían haber estado protegiendo a esas niñas preciosas las habían estado prostituyendo. Cuarenta chicas adolescentes en un orfanato dirigido por el gobierno estaban siendo abusadas, violadas y prostituidas diariamente. A pesar de cuán repugnante e inimaginable era eso, ni siquiera era la parte más asombrosa de la historia. Estas chicas estaban a punto de morir quemadas a la vez que gritaban pidiendo ayuda.

Esta no es la trama de una película de terror. No es algo que sucedió hace cientos de años atrás. Esto sucedió en el año 2017 en un lugar donde he estado muchas veces. El vuelo hasta allí desde Atlanta es más corto que volar de Atlanta a Los Ángeles.

Los detalles de esta historia son terribles, siniestros y malvados: cuarenta chicas adolescentes son violadas sistemáticamente mientras están a cargo del gobierno, y después se les deja morir en un incendio terrible. Uno pensaría que habría sido la historia principal en las noticias a todas horas durante meses y meses, pero es muy probable que nunca hayas oído nada de esto hasta ahora. De hecho, además de una serie de artículos publicados por el *New York Times*, pocos medios de comunicación importantes en Estados Unidos llegaron a cubrir la historia.[1]

Cuando supe sobre estas preciosas chicas que estaban siendo tratadas como objetos desechables, quedé repugnado, asombrado, airado y quebrantado. Fue un momento de despertar personal para mí, y supe que tenía que hacer más para ser parte de la solución. Quería ser parte de proteger a la siguiente generación de mujeres en mi propio barrio y en todo el mundo.

Esta tragedia tuvo lugar en Guatemala, y me tocó muy de cerca. He viajado allí frecuentemente con un grupo de la iglesia, porque allí apoyamos a un orfanato cristiano llamado Casa Shalom. Hay una crisis de huérfanos en Guatemala, que se ha visto complicada por una larga guerra civil, asesinatos alentados por violentos cárteles de la droga, y la falta de un sistema de acogida o de adopciones exteriores. Los huérfanos son muchos, y se han convertido en presas indefensas para los repugnantes y pervertidos traficantes de seres humanos, proxenetas, y abusadores infantiles.

Solamente porque esta tragedia tuvo lugar fuera de las fronteras de mi país no significa que yo debería sentirme menos ultrajado que si hubiera sucedido en la puerta contigua. Dios nos ha llamado a una fe sin fronteras. Fue el doctor Martin Luther King Jr. quien declaró agudamente: «Una amenaza a la justicia en cualquier lugar es una amenaza a la justicia en todo lugar». Voy a parafrasear al doctor King proponiendo que «la falta de respeto hacia las mujeres en cualquier lugar es falta de respeto hacia las mujeres en todo lugar».

Todos necesitamos ser conscientes de la crisis actual que impacta a las mujeres en nuestras propias comunidades, pero también necesitamos una consciencia global más amplia. Orfanatos como Casa Shalom están haciendo un trabajo transformador del mundo para los niños vulnerables que están bajo su cuidado. Muchos de sus niños y niñas han experimentado un abuso atroz, pero el equipo de personal en el orfanato muestra a estos niños y niñas el amor de Jesús, que es más poderoso que todo el quebranto del mundo. Es un lugar maravilloso y transformador donde niños y niñas pueden sanar de las heridas más profundas y volver a descubrir los sencillos gozos de la niñez una vez más. Casa Shalom es un lugar donde los niños se sienten queridos y seguros, y debido a eso pueden volver a ser niños otra vez.

Yo he reído en Casa Shalom, y también he llorado allí. He escuchado historias desgarradoras, y he oído otras hermosas e inspiradoras. He sufrido grandes derrotas en el fútbol por parte de los chicos. Me he reído con las chicas al intentar comunicarme mediante mi "español gringo". Me he sentado en la ladera montañosa y he disfrutado de la puesta de sol detrás de un volcán distante a la vez que observaba a esos preciosos niños y niñas reír, jugar y cantar en uno de los lugares más hermosos que he visto jamás. Parece ser un lugar donde el cielo y la tierra se encuentran y se besan el uno al otro.

Mis visitas a Casa Shalom hicieron que me enamorara no solo de los niños y niñas en el orfanato, sino también del hermoso país de Guatemala en general y de la hermosa gente que allí vive. Por desgracia, no todos los orfanatos son tan seguros y amorosos como Casa Shalom. Algunas de las instalaciones dirigidas por el gobierno se han convertido en cloacas de corrupción y abuso, como el trágico incendio sacó a la luz. Cuando escuché sobre aquellas cuarenta niñas que murieron, imaginé inmediatamente los nombres y las caras de las chicas en Casa Shalom que provenían de circunstancias similares. Se me partió el corazón.

No estoy compartiendo esta historia al inicio del libro para establecer un tono melodramático. No intento dibujar una imagen oscura o desesperanzada cuando se trata del estado actual de las cosas. Por el contrario, quiero que emprendamos la acción y practiquemos una fe sin fronteras para llevar sanidad, esperanza y respeto a mujeres y niñas en todo el mundo. Quiero que empoderemos a nuestros hijos para ser parte de la solución a escala global.

Tú y yo estamos en una importante encrucijada. Tenemos una oportunidad sin precedente a nuestro alcance. Esta oportunidad representa una opción de enderezar un mal que ha existido en todas las culturas en el mundo desde el amanecer de la historia humana. Puede terminar con nuestra generación y dar nacimiento a una nueva era, impactando y mejorando casi todos los aspectos de la vida en la tierra.

Sé lo que probablemente estarás pensando. *¡Ha sido el párrafo más melodramático que nunca he leído en mi vida!*

Solo para adueñarme de la incomodidad, también yo sería escéptico si leyera un párrafo como ese. Supondría que alguien se estaba preparando para venderme una multipropiedad con sobreprecio o convencerme de cambiar de religión para ayudarle a cumplir con su cuota mensual de visitas puerta por puerta. Hemos sido condicionados para ser escépticos siempre que vemos un lenguaje exagerado, porque por lo general es una herramienta de los publicistas o los políticos que utilizan la hipérbole para intentar movernos a la acción, pero sus palabras sobrevaloradas nunca parecen encajar con la realidad.

Creo firmemente que la situación que se bosqueja en este libro es un poco diferente. En primer lugar, yo no soy publicista ni político. No te estoy pidiendo el voto, y no te pido que compres nada (a excepción de que adquieras este libro, y supongo que ya lo has adquirido, lo cual agradezco porque tengo cuatro hijos a los que dar estudios universitarios). La oportunidad a la que hago referencia es algo que no me beneficia directamente más allá del beneficio colectivo de vivir en un mundo donde este problema sea corregido.

Por lo tanto, iré directamente al grano. La oportunidad que tenemos ante nosotros es entender que tenemos el potencial, por primera vez en la historia humana, de crear un mundo en el que chicas y mujeres puedan experimentar igual respeto y también igual oportunidad por parte de sus congéneres varones y por parte de los sistemas culturales en general. No solo estoy hablando de evitar futuros incendios en orfanatos (aunque también eso es obviamente importante). Hablo sobre cambiar todo el clima de falta de respeto hacia las mujeres y las chicas, que ha existido en varias formas desde el amanecer de la civilización humana.

La marea del cambio se ha estado formando, y ahora estamos en una encrucijada definitiva. Todos tenemos un importante papel que desempeñar para asegurarnos de que la siguiente generación será la primera en experimentar igualdad de respeto y oportunidad, y una de las claves vitales en esta ecuación es que padres y madres críen hijos que respeten a las chicas. Esto podría parecer un enfoque demasiado simplista de un problema increíblemente complejo, pero el enfoque que propongo no se acerca a ser tan simplista como podría parecer a primera vista. Retrata nuestras suposiciones profundamente arraigadas, nuestras malas interpretaciones comunes de la Escritura, y prejuicios invisibles que han perdurado en nuestros puntos ciegos durante toda una vida. Si estamos dispuestos a emprender este viaje, podría transformar nuestros corazones, nuestros hogares y nuestras esferas de influencia. Si hay bastantes de nosotros que hacemos esto juntos, tenemos el potencial de cambiar el mundo. En serio.

LA LLAMADA DE ATENCIÓN

Ama y respeta a las mujeres. Míralas no solo en busca de consuelo, sino de fortaleza, inspiración y la multiplicación de tus capacidades intelectuales y morales. Elimina de tu mente cualquier idea de superioridad; no tienes ninguna.

—GIUSEPPE MAZZINI

Nuestra realidad actual marca una época única en la historia. Hemos experimentado una llamada de atención colectiva por lo que respecta al sexismo. Yo he quedado tan asombrado y desanimado como cualquier otra persona cuando he visto las noticias y he sabido que algunos de mis mayores héroes de la niñez se han convertido en violadores en serie. Tras las réplicas del movimiento #MeToo siguieron llegando revelaciones y acusaciones. Hombres respetados en el campo del entretenimiento, la política, el ministerio, los negocios, y cualquier otro campo de la vida han quedado al descubierto como acosadores sexuales, misóginos y mujeriegos en serie.

Mis cuatro hijos están creciendo en este clima. Ellos ven las noticias; ven historias y chatean en el Internet. Acuden a mí con preguntas, y yo quiero desesperadamente que entiendan bien todo esto. Quiero proporcionar las herramientas, las respuestas y los ejemplos que ellos necesitarán para ser hombres que se respetan a sí mismos y también son ferozmente respetuosos hacia las mujeres. Si yo crío hijos que son exitosos exteriormente en todos los aspectos imaginables pero irrespetuosos con las mujeres, entonces habré fracasado como padre.

Criar hijos que respeten a las chicas es una misión que comparto con mi increíble esposa: Ashley. Cuando ella y yo veíamos las noticias recientemente al salir a la luz otra de esas historias, sentí que se formaba en mi interior una ira legítima. Ashley dijo en voz alta lo que estaba sintiendo mi corazón. Ella declaró dolorosamente: «Como mamá, no puedo pensar en nada más desgarrador que la idea de que nuestros hijos sean adultos y sean abusivos hacia las mujeres, o utilicen a las mujeres, o sean vulgares con las mujeres».

Sus palabras fueron como un imán de verdad para mí, y produjeron claridad en un área en la que yo anteriormente había sentido solamente enojo y frustración. Como el incendio en el orfanato, la declaración de Ashley se convirtió en un momento crucial en este viaje. Ahora, cuando veo estas trágicas historias en las noticias o escucho detalles de otra chica o mujer que ha sido abusada, maltratada o poco respetada, en lugar de sentir solamente enojo o desesperación, siento motivación para ser parte del cambio.

Como padres, podemos ayudar a la siguiente generación de hombres a saber respetar, proteger y defender a la siguiente generación de mujeres. Debemos hacerlo. Algo menos es inaceptable. El ciclo de maltrato puede y debería terminar de una vez por todas con nuestra generación. Yo quiero que mis niños crezcan y se conviertan en protectores de las mujeres y que les muestren respeto. Quiero que hagan todo lo que puedan para crear un mundo en el que todas las mujeres y chicas se sientan seguras, de modo que yo necesito hacer todo lo que pueda como padre para equiparlos con las herramientas y verdades apropiadas.

> COMO PADRES, PODEMOS AYUDAR A LA SIGUIENTE GENERACIÓN DE HOMBRES A SABER RESPETAR, PROTEGER Y DEFENDER A LA SIGUIENTE GENERACIÓN DE MUJERES.

Me gustaría pensar que nuestro mundo se está dirigiendo hacia la dirección correcta. A primera vista ha habido mucho progreso para las mujeres en todo el mundo. Eso sin duda son buenas noticias en esta narrativa continuada, pero en muchos aspectos la situación es más desalentadora de lo que ha sido nunca.

Este libro va a tener muchos momentos que son edificantes e inspiradores. Habrá mucho humor y ligera diversión, pero aquí al inicio necesitamos ir directamente a las malas noticias. A lo largo del libro hablaré con más profundidad de las siguientes estadísticas aleccionadoras, pero por ahora necesitamos ver una fotografía realista de la crisis que enfrentamos para así poder avanzar con más claridad:

- La violencia hacia las mujeres y la esclavitud de las mujeres (principalmente mediante el tráfico de seres humanos de trabajadoras domésticas y esclavas sexuales) está en cotas muy elevadas. Nunca ha habido una época en la historia mundial como ahora en la que más mujeres fueran esclavizadas. Más del setenta por ciento de todos los esclavos modernos son mujeres.[2]

- Muchas de las chicas atrapadas en la esclavitud sexual tienen edades entre nueve y diecisiete años. Estas chicas menores a menudo son secuestradas, golpeadas y abusadas por proxenetas y después forzadas a realizar actos sexuales hasta con sesenta hombres al día, solamente para que les permitan comer o dormir.[3]

- Una de las causas principales de muerte entre mujeres de edades entre los 16 y los 45 años es el homicidio a manos de su esposo o novio. Los hombres asesinados por mujeres son solamente una décima parte de ese índice. En relaciones de noviazgo, el mayor temor de los hombres es por lo general el rechazo, mientras que las mujeres temen por su seguridad física o incluso sus vidas.[4]

- Aproximadamente el setenta por ciento de víctimas femeninas de abuso sexual nunca reportan su abuso por temor a que no les crean.[5]

- En una investigación reciente, el treinta por ciento de los hombres universitarios que se identificaron como personas que respetan a las mujeres también admitieron que estarían dispuestos a violar a una mujer si supieran que no serían atrapados.[6]

- Más de 17 millones de dólares de dinero en impuestos han sido dirigidos a zanjar demandas por acoso sexual contra miembros varones del congreso de Estados Unidos que han acosado sexualmente a mujeres del equipo de personal.[7]

- Más de 200 millones de mujeres y chicas en todo el mundo han sido víctimas de mutilación genital, lo cual es un asalto horrendo y doloroso de los genitales femeninos para eliminar o alterar quirúrgicamente el clítoris y/o la vagina, haciendo que sean insensibles a la sensación sexual. Esta práctica bárbara y misógina está pensada para mantener a las mujeres sexualmente puras y sometidas a sus esposos. El tortuoso ritual a menudo lo realiza alguien que no tiene formación médica, y en entornos con suciedad. Muchas chicas han muerto debido a las cirugías.[8]

- Una tercera parte de las chicas en el mundo en desarrollo se casan antes de los 18 años de edad. Una de cada nueve se casa antes de los 15 años. Muchos de esos matrimonios son matrimonios forzados con hombres de mucha más edad, y con frecuencia son polígamos.[9]

- Al menos una de cada cinco mujeres será víctima de un asalto sexual en su vida, y más del cincuenta por ciento de las mujeres serán víctimas de alguna forma de acoso sexual.[10]

- Las mujeres son víctimas de violencia física en situaciones de abuso doméstico en un índice casi diez veces mayor del que lo son los hombres.[11]

- El setenta por ciento de los varones adolescentes y los hombres ven pornografía con alguna regularidad, y casi la mitad de todos los varones adolescentes y hombres muestran señales de adicción a la pornografía. La crisis de adicción a la pornografía está creando repercusiones negativas inmensas, como hablaremos en un capítulo posterior.[12]

- Tanto en entornos escolares como de trabajo, las mujeres y las chicas tienen más probabilidad que los hombres de ser interrumpidas. También tienen más probabilidad de que se les dé una cantidad desproporcionada de carga de trabajo en los proyectos grupales. También reciben un salario menor como promedio que el de sus homólogos varones.[13]

- El niño o niña promedio está expuesto aproximadamente a 14.000 referencias sexuales al año vía televisión. Las referencias sexuales en televisión y en publicidad muestran desnudez total o parcial en las mujeres casi diez veces con más frecuencia de la que los hombres muestran desnudez total o parcial.[14]

- El cien por ciento de nuestros hijos varones crecerá para convertirse en parte del problema o en parte de la solución.

- El cien por ciento de los padres y madres son responsables de asegurarse de que estas estadísticas se vean diferentes dentro de una generación. Comienza con el modo en que vivimos nuestra propia vida, y cómo enseñamos a nuestros hijos.

Pese a cuán asombrosas son estas estadísticas, no cuentan la historia completa. No hay ninguna estadística que capte la sensación repulsiva que experimenta una joven cuando se convierte en el objeto no deseado de la mirada boquiabierta de un hombre. No hay ninguna estadística que mida la violación que siente una mujer cuando su selfie en redes sociales es puntuada de 1 a 10 o etiquetada con insinuaciones sexuales por parte de mirones que están al otro lado de una pantalla de teléfono inteligente. No hay ninguna estadística para medir a los hombres que a escondidas despersonalizan o maltratan a las mujeres de maneras sutiles a la vez que mantienen la reputación de ser personas que respetan a las mujeres.

Estas estadísticas tampoco relatan las incontables historias de los individuos e instituciones que defienden exteriormente a las mujeres a la vez que en secreto las maltratan o abusan. Una de las noticias más asombrosas de los últimos años dejó al descubierto a la organización supuestamente empoderadora de mujeres, NXIVM (se pronuncia «Nexium»), que atraía a jóvenes mujeres bajo el disfraz del empoderamiento, pero después las manipulaba y las acosaba sexualmente. Las víctimas de esta secta sexista eran principalmente mujeres acomodadas, inteligentes y con educación superior. El líder varón de esta organización era públicamente un expresivo defensor de las mujeres, pero en secreto utilizaba su organización parecida a una secta y su influencia para formar un harén de esclavas sexuales personales, e incluso hacía que algunas de las mujeres fueran marcadas con sus iniciales para mostrar su «posesión» de ellas.[15] El ejemplo de NXIVM es un caso extremo, pero hay muchas otras historias que nunca llegarán a las noticias:

historias de hombres presumiblemente respetuosos que abusan de sus posiciones de poder para maltratar a mujeres.

No quiero criar a mis hijos para contribuir algún día a estas estadísticas, historias y prácticas horrorosas. No quiero que ellos se conviertan en un ejemplo más de las conductas vergonzosas que hemos visto en muchos líderes y celebridades. No quiero que mis hijos se conviertan en hombres que respeten a las mujeres superficialmente, pero después alberguen un lado oscuro donde pueden esconderse estos tipos de conductas siniestras y sexistas. No quiero que tengan un respeto exterior y a la vez oculten una vulgaridad insidiosa hacia las mujeres.

Quiero que mis hijos sean hombres de integridad. Quiero que respeten a las mujeres. Quiero que sean hombres dignos de respeto de su futura esposa. Quiero ser parte de una generación de padres que están criando hijos que respetan a las chicas. Estoy suponiendo que tú quieres estas mismas cosas para tus hijos, y te aplaudo por invertir tiempo y energía de modo intencional para ser parte de la solución. Nosotros como padres y educadores tenemos mucha más influencia de la que a menudo suponemos.

Como aclaración importante antes de avanzar más, quiero asegurarte que este libro no habla de que los hombres son malos y son totalmente responsables de los problemas del mundo. Este libro no trata acerca de degradar a los varones o fomentar cualquier tipo de agenda política. Tampoco supone que los hombres tienen que ser siempre los héroes y rescatadores y que las mujeres son víctimas indefensas. Este libro es simplemente un llamado a la acción para enderezar colectivamente uno de los mayores errores que nuestro mundo ha conocido jamás. Mujeres y chicas están siendo explotadas y maltratadas en todo el mundo de diversas maneras, y nuestros hijos tienen la capacidad de corregir permanentemente estos errores si los equipamos para ello.

LA REALIDAD PODRÍA SER INCLUSO PEOR QUE LAS ESTADÍSTICAS

Cuando veo en las noticias todo lo malo que han hecho los hombres a las mujeres, y cuando veo el modo en que algunos de los chicos en mi escuela tratan a las chicas y hablan de las chicas, a veces hace que me avergüence de ser un chico.

—AIDEN B. (14 AÑOS)

Es fácil leer estadísticas como las que he compartido y casi pasar de puntillas sobre su peso. Para ayudarnos a nosotros mismos a sentirnos mejor con respecto al mundo en el que vivimos, tenemos una predisposición mental a menospreciar las estadísticas negativas. Nos decimos a nosotros mismos que no puede ser tan malo como sugieren las cifras. Que todas estas malas noticias están ahí para vender periódicos, ¿cierto?

Tristemente, en el caso de la violencia sexual contra las mujeres, hay evidencia que sugiere que las estadísticas realmente no reportan una inmensa cantidad de delitos sexuales contra las mujeres. Recientemente ha habido un contragolpe en las noticias dirigido a víctimas de asaltos sexuales que no reportaron los delitos inmediatamente. Las noticias parecen sugerir que si una mujer no lo reporta inmediatamente, entonces las acusaciones no deben ser creíbles.

Como respuesta directa a quienes quieren desacreditar a las valientes víctimas que reportaron sus horribles situaciones, incontables personas en Twitter mostraron solidaridad tuiteando sus propias historias de abuso sexual no reportado utilizando el hashtag #WhyIDidntReport [PorQuéNoLoReporté]. Las historias comenzaron a ser trending y al final se convirtieron en historias virales que presentaban valientes confesiones de estudiantes, supermamás, estudiosas, y mujeres de todos los ámbitos de la vida. Entre las voces se incluían líderes ministeriales como Beth Moore, celebridades como la actriz Alyssa Milano, y la hija de Ronald Reagan, Patti Davis.

Estas breves historias que caben en un tuit son desgarradoras, horrorosas, reveladoras, repugnantes e inspiradoras. Yo fui conmovido profundamente mientras leía cientos de estos relatos. Al considerar la realidad de nuestra situación actual, pensemos en lo que muchos han enfrentado y en las circunstancias que condujeron a su silencio.[16]

- «Yo tenía 16. Mentí sobre dónde estuve aquella noche. Estuve bebiendo y era menor. Nunca antes había practicado sexo. Un abogado defensor intentaría hacer que pareciera una adolescente promiscua y mentirosa sin ningún respeto por la ley o por mis padres. Lo que no sabía es que aún estaría intentando sanarme 23 años después».[17]
- «Como fui sexualmente abusada a tan temprana edad ni siquiera sabía que era un delito. No tenía el lenguaje

para decir lo que me estaba sucediendo. Más adelante, cuando era adolescente, el acoso sexual y la coacción de chicas y mujeres se estableció como norma, y no como algo que reportar».[18]

- «Cuando tenía 17, durante el verano después de graduarme de la secundaria, se suponía que iba a tener una cita, pero terminó con el chico llevándome a una casa en la que me violaron 5 chicos. Ahora tengo 72 años y esta es la primera vez que he hablado de eso. He estado demasiado avergonzada para reportarlo».[19]

- «Sufrí acoso sexual de un conserje de la escuela a los 8 años, me asustaron para que callara, fui violada en grupo a los 18 por dos chicos en una fiesta, había estado bebiendo y me culpé a mí misma, sentí vergüenza. Mis padres nunca se enteraron. Se lo conté a mis hijas hace cinco años atrás, cuando tenía 60. Necesité valentía incluso para contárselo a ellas».[20]

- «"El CDC (Centro para el Control y Prevención de Enfermedades, por sus siglas en inglés) calcula que más de un millón de mujeres son violadas cada año, y solo el tres por ciento de los delincuentes son llevados ante la justicia", CEO de @UMCABrooklyn».[21]

Hay muchas miles más como las que acabo de compartir, pero es de esperar que esta pequeña muestra dibuje un cuadro del dolor oculto que están soportando incontables mujeres. También espero que estas estadísticas e historias nos muevan a la acción. No es suficiente solo con empatizar o con sentirnos mal por las víctimas; debemos levantarnos y declarar: «¡Basta ya!». Debemos asegurarnos de que nuestros hijos entiendan la gravedad de sus decisiones. Debemos recordar que estas estadísticas e historias representan a mujeres reales cuyas vidas han sido irrevocablemente heridas por la agresión sexual egoísta de hombres equivocados.

LAS PERSONAS REALES TRAS LAS ESTADÍSTICAS Y LAS HISTORIAS

Quizá una de las razones de que haya habido inacción o apatía en torno a las asombrosas estadísticas es simplemente que solo las vemos como estadísticas. No vemos esas cifras como representaciones de mujeres reales con nombres y caras. Incluso cuando sí identificamos a una víctima por su nombre, a menudo sugerimos sin intención que su valor solamente está vinculado a su relación con un hombre. Cuántas veces hemos oído decir de una víctima femenina de violencia o falta de respeto: «¡Qué crimen tan terrible! Es la hija de alguien. Es la hermana de alguien. Es la mamá de alguien».

Sin duda, nuestras conexiones relacionales son una parte vital de nuestra humanidad, pero nuestras buenas intenciones también revelan un doble estándar. Raras veces nos referimos a las víctimas masculinas con el mismo lenguaje. Cuando caemos en los dobles estándares como este, estamos mostrando una forma de falta de respeto. Basamos la dignidad de una mujer en sus relaciones con los hombres en lugar de hacerlo en el hecho de que ella es un alma eterna que lleva la imagen de Dios y tiene una dignidad ilimitada igual a la de cualquier hombre.

En el ejemplo que acabo de dar podría estar buscando tres pies al gato o dando un discurso demasiado legalista, pero quiero ser consciente de mis propios puntos ciegos. El proceso de investigación y de escribir este libro ha sido doloroso, porque he tenido que enfrentar muchos aspectos de mi propia hipocresía y ceguera en estas áreas. Me ha golpeado en la cara la realidad de algunas de las mentalidades erróneas que yo he tenido. Hablaré incluso de algunos detalles íntimos embarazosos de mi propio viaje en los capítulos siguientes.

Si quieres obtener todo el beneficio de este viaje, y si quieres que tus hijos entiendan plenamente estas verdades, probablemente habrá momentos incómodos en el camino. Cuando las cosas comiencen a sentirse complicadas o incómodas, por favor ten la valentía de seguir adelante. Prometo que el resultado final valdrá la pena. En cualquier parte de la vida, las grandes victorias y avances van precedidos de grandes barreras.

A lo largo del viaje que condujo a este libro hubo muchos momentos incómodos que me tentaron a alejarme. Algunas historias eran tan inquietantes y desconcertantes que la idea de profundizar más en ellas me abrumaba. Una de esas historias llegó a ser finalmente un catalizador, poniendo un fuego en mi interior para ver llegar a su término este proyecto. Comenzó en un viaje por carretera, escuchando un pódcast.

OTRA CHICA EN OTRO INCENDIO

Ashley y yo pasamos mucho tiempo en el auto, porque viajamos para dar conferencias como parte de nuestro ministerio matrimonial y también hacemos viajes en familia para visitar a nuestros familiares que viven fuera del estado. Una de nuestras tradiciones en nuestros viajes por carretera ha sido encontrar un buen pódcast para ayudarnos a pasar el tiempo. Nuestros favoritos tienden a ser historias en desarrollo sobre misterios no resueltos. En nuestro último viaje descubrimos el pódcast tan popular *Up and Vanished* [Aparecido y desvanecido]. La primera temporada del pódcast narraba el caso abierto de una joven desaparecida en Georgia llamada Tara Grinstead.[22]

Al instante nos enganchó, porque tuvo lugar en Georgia. Nosotros vivimos en Georgia durante una década, y la pronunciación lenta tan familiar para nosotros de los lugareños a los que entrevistaban era como un viaje cálido y nostálgico por la senda del recuerdo. La historia misma también era cautivadora. Al final del primer episodio ya estábamos enganchados y desesperados por descubrir exactamente qué le sucedió a Tara.

Para resumir la historia, Tara Grinstead era maestra de escuela y antes reina de belleza a sus veintitantos años. Vivía en una pequeña ciudad a una hora de distancia del sur de Atlanta. Había competido en el certamen de belleza de Miss Georgia con veintitantos años y después fue educadora y coordinadora de concursantes, ayudando y siendo mentora de las chicas. Era una maestra amable, compasiva y comprometida, y una parte vibrante de la comunidad. Todo el mundo parecía quererla y respetarla.

Un sábado que comenzó como cualquier otro, Tara fue a un desfile de belleza para apoyar a las chicas de las que era mentora. Cuando terminó el desfile, condujo hasta una barbacoa organizada por el director de su escuela y pasó tiempo viendo fútbol americano universitario y relacionándose con compañeros de trabajo. Se fue de la barbacoa y se dirigió a su casa. Cuando no se presentó en su clase la mañana del lunes, su ausencia alarmó a los administradores de la escuela. Enviaron a la policía a su casa.

Encontraron el auto de Tara, sus llaves y su teléfono celular en su casa, pero no había rastro alguno de Tara. Se comenzó inmediatamente una investigación, y grupos de búsqueda empezaron a recorrer la zona, pero ella verdaderamente apareció y se desvaneció.

En cada episodio del pódcast, los investigadores entrevistaban a personas que conocían a Tara y volvían a examinar viejas pistas. Mientras que el pódcast se desarrollaba en tiempo real con episodios semanales, se produjo un avance en el caso. Ashley y yo nos miramos con asombro cuando el episodio doce del pódcast comenzó con la noticia de que acababa de producirse un arresto. Yo prácticamente mantuve la respiración cuando comenzó la grabación de la conferencia de prensa de la Oficina de Investigación de Georgia y la familia de Tara hizo una declaración.

Hay muchos detalles importantes en la historia de Tara que no desarrollaré aquí, pero llegaré al punto de lo que sucedió y por qué estoy plasmando su historia en este libro. En el momento de escribir estas palabras, el juicio de los atacantes acusados de Tara no se ha producido. Lo que sabemos es que dos exalumnos estuvieron involucrados en su desaparición. Sigue habiendo incertidumbre sobre el motivo de su asesinato, pero lo que sabemos con certeza es que Tara resultó muerta y su cuerpo fue quemado para encubrir la evidencia.

Los dos jóvenes que quemaron el cuerpo de Tara eran parte de un grupo más grande de amigos que se reunían con frecuencia en esa zona para hacer fiestas en torno a una hoguera. La evidencia sugiere que estos otros amigos sabían sobre el encubrimiento y puede que estuvieran en la fogata cuando el cuerpo de Tara fue quemado. Este grupo guardó el secreto durante años hasta que se produjo un avance en el caso y comenzó a revelarse la verdad.

Escuché casi veinte horas del pódcast, y cuando terminó tenía la sensación de que conocía a Tara. Me sentí inmerso en el proceso, y es mi oración que ella obtenga justicia debido a los crímenes indescriptibles cometidos contra ella. Aún siento náuseas en el estómago al pensar en todo lo que ella experimentó.

Uno de los aspectos más inquietantes de todo este caso fue la naturaleza casi frívola de los hombres implicados, quienes insensiblemente quemaron su cuerpo y después siguieron adelante con sus vidas. Uno de ellos era el hijo de un destacado político de Georgia, y parecía que este joven valoraba mucho más la reputación de su familia de lo que valoraba la vida de Tara.

Tara fue quemada como si fuera basura. Fue utilizada y tratada como un objeto desechable. Estaba desnuda cuando la quemaron, lo cual se sumó a la objetificación y la falta de respeto inherentes en este crimen horrible. Le despojaron de toda capacidad y le despojaron de toda su ropa, pero su falta de respeto no pudo arrebatarle su humanidad. Fue la propia humanidad de ellos la que sacrificaron en aquellas llamas.

Yo no dejaba de preguntarme cómo alguien podría ser tan frío de corazón y endurecido como este grupo de amigos debió haber sido para participar en un crimen así. Y ahora sigo preguntándome por qué y cómo pudieron guardar un secreto como ese. ¿Cómo podían mirar a la familia de Tara en su sufrimiento y su desesperación por encontrar respuestas? ¿Cómo pudieron seguir bebiendo cerveza juntos y actuando como si nada hubiera sucedido? ¿Cuánta falta de respeto por las mujeres es posible que poseyeran para llevar a cabo este crimen y después guardarlo en secreto?

Me niego a vivir en un mundo donde las mujeres son quemadas como basura. Estos ejemplos puede que sean extremos y poco frecuentes, pero la mentalidad sexista que condujo a estos crímenes horribles está muy extendida. Hay algo quebrado en el corazón de la humanidad para permitir que persistan estas mentalidades erróneas. Yo quiero hacer mi parte para poner fin a historias como esta.

Las mujeres se merecen algo mejor. Los hombres también se merecen algo mejor. Tanto hombres como mujeres pierden cuando la mitad de la raza humana es tratada como un objeto, maltratada y devaluada simplemente debido a su género. Debemos levantarnos colectivamente y hacer más. Debemos enseñar a nuestros hijos un camino mejor. Debemos crear un mundo más seguro para nuestras hijas.

Por favor, no permitas que estas estadísticas e historias negativas te hagan sentir desesperanza. Sé que este viaje ha tenido un inicio lúgubre, pero necesitamos saber cuán negra es la oscuridad antes de poder apreciar plenamente la luz. La verdad es que hay esperanza. Tenemos más poder del que creemos para realizar los cambios necesarios. El resto de este libro explicará cómo dar los primeros pasos en la dirección correcta.

Yo me quedo corto muchas veces, no soy el ejemplo perfecto que necesitan mis hijos, y también tú te quedas corto. A pesar de nuestros mejores esfuerzos y nuestras mejores intenciones, no siempre somos los ejemplos a seguir que necesitan nuestros hijos. Por fortuna, hay un hombre que lo entendió correctamente. Hay un hombre al que nuestros hijos pueden mirar como un ejemplo perfecto, y también nosotros podemos mirarlo. Cuando estamos siguiendo su ejemplo, siempre nos dirigiremos en la dirección correcta. Aprenderemos exactamente cómo en el capítulo siguiente.

> TANTO HOMBRES COMO MUJERES PIERDEN CUANDO LA MITAD DE LA RAZA HUMANA ES TRATADA COMO UN OBJETO, MALTRATADA Y DEVALUADA SIMPLEMENTE DEBIDO A SU GÉNERO.

En palabras de las mujeres

«La mayoría de los hombres son buenos hombres. La mayoría de los chicos son buenos chicos. Algunos huevos podridos dan una mala reputación a todo el conjunto, lo cual no es justo. Supongamos lo mejor en los hombres, y por lo general tendremos razón».

—INGRID K. (80 AÑOS)

«Me siento respetada cuando los hombres hacen un esfuerzo para guardar su corazón no solo con sus ojos físicamente, sino también cuando se trata de electrónica, videos y películas. La pureza sexual es algo que muchos se toman muy a la ligera en el presente, tanto hombres como mujeres. Estoy muy agradecida por un esposo que es muy activo con respecto a guardar sus ojos».

—BONNIE D. (55 AÑOS)

«Me siento más respetada con la sinceridad amable. También, siendo protegida emocionalmente y físicamente en todas las situaciones».

—CHRISTI B. (28 AÑOS)

«Los chicos en mi universidad son muy difíciles de entender. A veces se comportan como los mayores defensores de las mujeres y otras veces actúan como los mayores utilizadores de las mujeres... Es difícil confiar en ellos».

—JEWEL P. (19 AÑOS)

CAPÍTULO 2

JESÚS, QUIEN RESPETA A LAS MUJERES

Jesucristo elevó a las mujeres por encima de la condición de meras esclavas, meras ministras de las pasiones del hombre, las elevó mediante su compasión para ser ministras de Dios.

—FLORENCE NIGHTINGALE

Yo soy uno de los pocos afortunados. Tuve la bendición de ser criado en un hogar con un papá amoroso que simultáneamente modelaba los ideales positivos de la masculinidad y estaba completamente dedicado a mi mamá, y era respetuoso y amoroso con ella. También tengo una mamá extraordinaria y amorosa que personificó las mayores fortalezas de la feminidad y es una mujer digna del respeto de cualquiera. Además, estoy muy agradecido por su ejemplo positivo y auténtico, pero soy igualmente consciente de que tener un ejemplo estupendo no es lo suficientemente bueno cuando hay tanto en juego. Necesitamos que nuestra brújula esté apuntando firmemente hacia el norte y no que se mueva tambaleante en la dirección correcta.

Parte del problema de enseñar las lecciones correctas a nuestros hijos varones sobre respetar a las mujeres está en encontrar ejemplos a seguir adecuados para que ellos los sigan. En este tiempo, muchos de los hombres a quienes mirábamos como mentores y ejemplos a seguir, personas que proporcionaban una norma de conducta y estilo de vida que valía la pena seguir, han resultado ser los últimos en la tierra a los que deberíamos imitar. Sin embargo, incluso cuando los eliminamos de la mezcla, lo cierto es que todos somos personas imperfectas y nadie llega a estar a la altura.

Puede que no estemos viviendo una doble vida ni estemos involucrados en un escándalo sexual, pero como padres estamos lejos de ser ejemplos a seguir perfectos. Yo quiero serlo, y trabajo duro en ello, pero también soy dolorosamente consciente de mis propios defectos.

Hoy mismo intentaba reunir a mis hijos para ir hacia nuestra minivan en un estacionamiento abarrotado, y al ver a todos ellos dirigirse en direcciones diferentes grité: «Si no me están siguiendo a mí, ¡entonces se dirigen en la dirección equivocada!». Me reí de mí mismo después de decirlo, porque aunque me gustaría pensar que siempre soy el ejemplo perfecto para mis hijos, hay muchas veces en que meto la pata. Hay muchas veces en que estoy perdido y me dirijo en la dirección equivocada debido a mi propia necedad, mi propio orgullo, mi propio pecado, o multitud de otras limitaciones. Quiero ser el ejemplo a seguir perfecto en esta área de respetar a las mujeres, pero entiendo totalmente que cada día me quedo corto.

Todos necesitamos un estándar claro, consistente y perfecto al cual podamos aspirar. Si no sabemos dónde está ubicada la diana, esencialmente estamos lanzando dardos en la oscuridad, sin estar nunca seguros de si damos en la diana o no hasta que es demasiado tarde. Pero si nadie a nuestro alrededor parece estar a la altura, ¿qué ejemplo podemos seguir cuando incluso los mejores líderes se desvían del camino?

La buena noticia es que *hay* un modelo a imitar claro y perfecto que vale la pena seguir: un hombre que estableció la norma sin tacha. A lo largo de este libro habrá muchas historias y ejemplos de mentores en quienes creo que se puede confiar en esta área, pero quiero comenzar destacando al único hombre que es un ejemplo perfecto. Como dijo en una ocasión el apóstol Pablo: «Síganme a mí así como yo sigo a Cristo». Yo no quiero que mis hijos sigan mi ejemplo a menos que yo esté siguiendo el ejemplo de Jesús. Si estamos siguiendo los pasos de Jesús, siempre iremos encaminados en la dirección correcta.

> YO NO QUIERO QUE MIS HIJOS SIGAN MI EJEMPLO A MENOS QUE YO ESTÉ SIGUIENDO EL EJEMPLO DE JESÚS.

SEGUIR EL EJEMPLO PERFECTO DE JESÚS

Jesús es el único ejemplo a seguir que yo he tenido que jamás se ha quedado corto o me ha decepcionado. Como dije anteriormente, Jesús hizo más para elevar a las mujeres que cualquier otra persona en la historia. Él llevó a cabo su ministerio terrenal en una época en la que las mujeres estaban ubicadas en la jerarquía social en algún lugar entre los animales y los hombres, pero Jesús elevó su estatus mediante sus palabras, sus acciones y sus milagros. Su enfoque contracultural hacia las mujeres fue percibido como uno de los aspectos más radicales de su ministerio.

Es irónico que precisamente la iglesia que Jesús comenzó sea considerada ahora por muchos como una institución con raíces represivas cuando se trata de respetar a las mujeres. Tanto dentro como fuera de la iglesia necesitamos una lección de historia sobre lo que Jesús hizo realmente y lo que enseñó realmente. Su ejemplo atemporal sigue siendo nuestro mejor ejemplo.

Viajemos en el tiempo al Oriente Medio del siglo primero donde Jesús vivió y enseñó. Suspendamos temporalmente nuestra mentalidad del siglo XXI por un momento, e intentemos conectar con las personas que vivieron en la época de Jesús. Necesitamos entender la mentalidad de la época, pero también necesitamos entender el lugar. Comencemos en Israel.

Tuve el privilegio de viajar a Israel por primera vez el año pasado como parte de un grupo de jóvenes influencers y pacificadores llamado el Colectivo Israel. Para mí fue una experiencia transformadora. El viaje proporcionó un contexto colorido para mi estudio de la Biblia. Antes, las palabras eran siempre en blanco y negro, pero cuando ahora leo las Escrituras lo veo todo en tres dimensiones con vívidos colores, escenas y sonidos.

Ahora puedo ver los lugares que se describen. Sé cómo huele en los mercados de Jerusalén. He probado algunos de los alimentos y los vinos que los judíos han estado disfrutando desde las fiestas y festivales que se registran en el Antiguo Testamento. He sentido la suave brisa marina soplar suavemente a mi alrededor mientras observaba la puesta de sol sobre el Mar de Galilea. He estado dentro del sepulcro vacío en el Huerto.

Viaja hasta allí conmigo por un momento. Imagínate a ti mismo en lo alto del Monte de las Bienaventuranzas, donde Jesús predicó el Sermón del Monte. Imagina estar entre la multitud cuando Jesús enseñó por primera vez algunas de las palabras más profundas que se han pronunciado jamás.

Este carpintero convertido en rabino no viajó lejos en toda su vida; no tuvo las comodidades que nosotros damos por sentadas. Él nunca sintió el aire acondicionado, nunca vio un televisor, un auto o un avión. Sus medios de transporte más avanzados fueron una pequeña barca de pesca o los lomos de un burro. Desde la colina donde él predicó el sermón, podía mirar y ver el mar y las aldeas donde tuvo lugar el noventa por ciento de su vida y ministerio.

La sabiduría que él enseñó no podría haber venido de sus viajes, porque realmente no había ido a ninguna parte. Esa sabiduría no podía provenir de sus padres, porque ellos eran campesinos sencillos y sin educación formal. Esa sabiduría no podía haber venido del Internet, porque ni Siri ni Google habían nacido aún. No, esa sabiduría venía solamente de Dios. Él enseñaba con autoridad, enseñaba con pasión y con compasión. Nadie antes ni después ha enseñado o vivido como Jesús.

Después de que Jesús enumerara las famosas Bienaventuranzas, le dijo a la multitud que ellos eran la sal de la tierra y que eran como una ciudad sobre un monte. Lo imagino señalando a una colina en la distancia donde la luz de una ciudad habría iluminado el cielo. Jesús daba ejemplos utilizando las flores y las aves, seguramente haciendo gestos y señalando a su entorno.

Utilizaba el mundo que él creó para ayudar a las personas que él creó a entender por qué fueron creadas.

Mientras la multitud se aferraba a cada una de sus palabras, Jesús, el maestro, cambió la dirección en su sermón de modo abrupto e intencional. Comenzó a citar las leyes del Antiguo Testamento, que para su audiencia habrían resultado muy familiares. Pero no solo les estaba dando un curso de refresco; estaba cambiando toda su mentalidad.

Él les dijo que la ley decía no matarás, pero ahora él les decía que la ley era el punto de inicio y no el final. De hecho, incluso albergar enojo hacia alguien era cometer asesinato en la mente y el corazón. Evitar la obra podría hacer que no vayamos a la cárcel, pero aún así podríamos estar encerrados en una cárcel en nuestro propio corazón. Jesús reveló que la ley no se trataba tan solo de modificar la conducta; estaba allí para ser una forma de entrenamiento para nuestro corazón. Nos mantenía dentro de los márgenes para que no causáramos estragos en nuestra vida, pero su propósito principal era señalarnos hacia nuestra necesidad de un Salvador que pueda producir una transformación real y verdadera en el corazón. Nuestra conducta modificada y autodisciplina nunca tuvieron la capacidad de salvarnos o cambiarnos, pero Jesús tenía ese poder.

A continuación, Jesús, quien respetaba a las mujeres, llevó esta enseñanza radical a un lugar que era asombroso. Recordó a la audiencia que cometer adulterio era un pecado, pero que ahora él enseñaba que la verdadera norma de pureza y respeto por las mujeres significaba incluso no mirarlas con deseo. Él enseñó que lo que sucede en nuestra mente impacta nuestro corazón y finalmente impacta nuestras relaciones.

Evitar una aventura amorosa física era una parte importante de la ecuación, pero Jesús planteó la verdad aleccionadora de que el pecado que se produce en nuestra mente puede ser tan dañino como un pecado que se produce en nuestro dormitorio. Allí donde va nuestra vista, nuestra alma puede seguir.

Jesús hablaba a una multitud que no tenía el acceso según demanda a imágenes de carga sexual del modo en que lo tenemos en la actualidad. La mayoría de las mujeres iban vestidas con ropas holgadas y pañuelos en sus cabezas. No había anuncios de Victoria's Secret en televisión. No había piscinas donde se podía mirar y ver a mujeres en bikini. Ni siquiera había pantalones de yoga que marcan las curvas de las caderas de la mujer. Sin duda, no había pornografía, pero aún así había lujuria.

Jesús estaba enseñando a la multitud, y también a nosotros, que las mujeres no deben considerarse objetos para satisfacer fantasías sexuales pecaminosas. Las hijas de Dios no han de ser consideradas un cuerpo para utilizar, sino un alma que hay que atesorar y un ser humano que hay que respetar. No podemos decir que respetamos a las mujeres cuando tenemos a un harén según demanda que realiza una orgía mental en nuestra imaginación.

Una de las dinámicas más complicadas a la hora de criar hijos que respeten a las chicas es enseñar a los varones que Dios los creó para ser visuales y ser atraídos hacia el aspecto físico de la mujer, pero que si eso no se mantiene a raya, sus apetitos visuales podrían deformar sus pensamientos y sustituir el respeto por objetificación. Esta es una de las lecciones más importantes que deberíamos enseñar a nuestros hijos. Es también para ellos una de las más difíciles de practicar, y es una lucha de toda la vida para la mayoría de los hombres. Pero Jesús, a lo largo de su vida, enseñó a los hombres a respetar a las mujeres en lugar de desearlas. Yo incluso argumentaría que Jesús enseñó a los hombres cómo mirar a las mujeres. Sin duda, no tenemos fotografías ni videos que muestran cómo interactuaba Jesús con las mujeres, pero los Evangelios dibujan una imagen gráfica. A la luz del contexto histórico, podemos ver mucho sobre cómo Jesús debió haber mirado a las mujeres. él las miraba con compasión, interés genuino y misericordia.

Muchas mujeres de la época de Jesús probablemente nunca habían sido miradas de ese modo. Lo que sabemos por el contexto histórico es que los hombres a menudo miraban a las mujeres de una de tres maneras negativas: con lujuria, con desconfianza o con repugnancia. Voy a desarrollar brevemente cada una de ellas.

La parte de la «lujuria» se explica bastante bien por sí sola y es algo que las mujeres en todas las culturas y todas las épocas han experimentado. En tiempos de Jesús, las influencias griega y romana habían producido prácticas paganas, las cuales normalizaron la prostitución e incluso hacían que fuera un acto de adoración tener sexo con las prostitutas del templo. Supongo que era un enfoque eficaz para los hombres decir que podían ir a adorar y participar en una orgía con las prostitutas femeninas, pero eso no era parte del plan de Dios.

Jesús quiso dejar claro que el plan de Dios para el sexo estaba específicamente dentro del contexto de un matrimonio monógamo para toda la vida. Más adelante, el apóstol Pablo llevaría aún más lejos esta enseñanza recordando a los seguidores de Cristo que practicar sexo es llegar a ser «uno» con esa persona de una manera sagrada, y que nunca deberíamos ser uno con prostitutas. La práctica misma deshumaniza y no respeta a todas las personas involucradas, y sustituye amor por lujuria.

El mensaje de Jesús era consistentemente sobre amor, y la Biblia muestra consistentemente que el amor es lo contrario a la lujuria. El respeto por las mujeres y la lujuria hacia las mujeres no pueden coexistir en la misma mente. Cada día debemos definir cuál de ellos se queda.

La perspectiva de la «desconfianza» puede verse en que los testimonios de las mujeres no se consideraban válidos en los tribunales de leyes en la época de Jesús. Había una indiferencia y desconfianza colectivas hacia las perspectivas, opiniones, e incluso los relatos oculares de las mujeres. Jesús dio la vuelta por completo este punto de vista sexista y misógino de diversas maneras. Él tomó el tiempo para mantener muchos diálogos con mujeres, a algunas de las cuales la mayoría de los hombres ni siquiera se habrían molestado en notar, y mucho menos habrían tenido una conversación extensa con ellas. Los Evangelios incluso reportan que fueron mujeres quienes descubrieron por primera vez su sepulcro vacío.

El punto de vista de la «repugnancia» en la época de Jesús era quizá la mentalidad más irrespetuosa de todas. Forzaba a las mujeres a estar en los márgenes de la sociedad. Tomaba partes regulares de la vida de las mujeres, como su ciclo menstrual, y las estigmatizaba. El flujo de sangre hacía que una persona fuera ceremonialmente impura, queriendo decir que ella no podía participar en la adoración pública ni tampoco en muchos otros aspectos de la vida pública. Durante una semana al mes, el ciclo menstrual de la mujer le prohibía las libertades más básicas.

Jesús sanó a una mujer que por doce años había sufrido lo que la Biblia describe como «flujo de sangre». No conocemos las circunstancias exactas, pero las Escrituras dan a entender que ella estaba afligida con una forma grave de endometriosis o una enfermedad similar que causaba hemorragias continuas y creaba dificultades físicas, financieras, emocionales y relacionales inimaginables. Con un solo toque, Jesús le hizo libre de su enfermedad y de todos los estigmas que la acompañaban.

Hay muchísimos otros ejemplos en los Evangelios donde Jesús mostró su respeto profundo por las mujeres de todos los ámbitos, desde campesinas y prostitutas hasta familiares y realeza. Algunos de sus tributos más conmovedores hacia la feminidad pueden encontrarse en sus interacciones con su madre: María.

El respeto de Jesús hacia su madre era un tema continuo a lo largo de su vida y ministerio. Su primer milagro y su entrada en el ministerio público fueron impulsados por un acto de respeto hacia su madre, quien le pidió que ayudara a un novio y una novia a enfrentar la vergüenza social de haberse quedado sin vino en su fiesta de boda. Jesús, milagrosamente, convirtió agua en vino a instancias de su madre.

Uno de los últimos actos de Jesús antes de su muerte y resurrección fue un conmovedor tributo a su madre. Miró desde la cruz a los ojos de su mamá destrozada, y entonces miró a su amigo y discípulo Juan. Le dijo a María que considerara a Juan como un hijo, y le dijo a Juan que cuidara de María como si fuera su propia madre. En su cultura, la familia era el único medio de apoyo social para las viudas, ya que María era viuda en el tiempo de la crucifixión de Jesús. Él quería asegurarse de que su madre estuviera cuidada. Claramente, la amaba y respetaba.

El reconocido teólogo, el doctor Wayne Grudem, quizá lo haya resumido mejor en su libro *Evangelical Feminism and Biblical Truth* [Feminismo evangélico y verdad bíblica]. El doctor Grudem interpreta meticulosamente la Escritura y sopesa sus descubrimientos con las obras de otros eruditos bíblicos y las mareas cambiantes de la opinión pública. La investigación del doctor Grudem lo convenció de que Jesús nunca disminuyó a los hombres ni el mandato bíblico único de los hombres de ser líderes siervos. Él elevó a los hombres. Pero igualmente importante, Jesús también elevó a las mujeres. El doctor Grudem explica:

> El cuadro general, sin embargo, es que Jesús trató a las mujeres como iguales de un modo que era sorprendente para la cultura del primer siglo. Deberíamos estar agradecidos de que Jesús honró a las mujeres, y las trató como personas igual

que como trataba a los hombres. Habló abiertamente con mujeres, para sorpresa de sus discípulos (Juan 4.1-27), enseñó a mujeres (Lucas 10.38-42; Juan 4.7-26; 11.21-27), tuvo a mujeres entre el grupo de discípulos que viajaban con Él (Lucas 8.1-3), aceptó apoyo monetario y ministerio de ellas (Marcos 15.40-41; Lucas 8.3), y utilizó a mujeres al igual que a hombres como ejemplos de enseñanza (Marcos 12.41-44; Lucas 15.8-10; 18.1-8). Jesús estableció así un patrón que debería cambiar para siempre todas las culturas que tratan a las mujeres como ciudadanas de segunda clase, igual que sin ninguna duda retó y reprendió a la cultura de su época.[1]

LOS EVANGELIOS SON UN MAPA DE RUTA PARA RESPETAR A LAS MUJERES

En todas las obras escritas de la literatura, la ciencia y la religión, nunca ha habido documentos que hayan producido más libertad y honra a las mujeres que los Evangelios de Jesucristo. Los cuatro libros bíblicos de Mateo, Marcos, Lucas y Juan son conocidos como los Evangelios, que es un término que significa sencillamente «buenas noticias». Estos cuatro libros registran la vida y las enseñanzas de Jesús, y personifican buenas noticias para toda la humanidad, y para las mujeres en particular.

Comenzando con las primeras líneas del primer Evangelio, Mateo comienza con el linaje familiar de Jesús. El lector puede decir de inmediato que esta no será una historia tradicional, porque el linaje en sí mismo es todo menos tradicional. En las culturas antiguas que leían estos manuscritos originales, las genealogías enumeraban solamente a hombres. Era como si las mujeres no desempeñaran ningún papel en la historia ni contribuyeran a la genética de la descendencia.

Estas eran culturas donde se esperaba que las mujeres estuvieran en silencio, pero desde el inicio de la historia de Jesús, a las mujeres se les dio voz y un lugar de honor. A lo largo de las listas de nombres y generaciones, Mateo se apartó de las listas tradicionales de padres y comenzó a destacar a algunas madres. Incluso destacó a madres que tuvieron un pasado escandaloso, como Rahab, que había sido prostituta antes de llegar a la fe en Dios.

Antes ni siquiera de que hubiera sido anunciado el nacimiento de Jesús en la Escritura, la vida y el ministerio de Jesús fueron puestos en el contexto de heroínas femeninas. El mundo podría haber definido a mujeres como Rahab en términos de sexo o pecado, pero Dios las definió por su fe y decidió utilizar a estas notables heroínas para ser una parte honorable del fundamento sobre el cual Jesús edificaría su reino. Desde Rahab, ancestro de Jesús, hasta María, la madre de Jesús, los primeros héroes del Evangelio incluían a mujeres.

Las mujeres fueron heroínas al inicio de los Evangelios, pero también fueron algunos de los héroes más destacados al final. Cuando todos los discípulos varones de Jesús lo abandonaron mientras colgaba en la cruz, fue María, la madre de Jesús, y María Magdalena, amiga de Jesús, quienes se mantuvieron allí con fidelidad y valentía. Cuando fue descubierto el sepulcro vacío, de nuevo, mujeres fueron las primeras en descubrirlo. Los Evangelios son la historia de Jesús, pero es

> LOS EVANGELIOS
> SON LA HISTORIA
> DE JESÚS, PERO ES
> IMPOSIBLE RELATAR
> LA HISTORIA DE
> JESÚS SIN CELEBRAR
> SIMULTÁNEAMENTE
> LA HISTORIA DE
> LAS MUJERES.

imposible relatar la historia de Jesús sin celebrar simultáneamente la historia de las mujeres.

Las mujeres no solo estuvieron presentes al inicio y al final de los Evangelios. En cada página, las interacciones de Jesús con mujeres son aspectos integrales de su historia general. A continuación tenemos algunas de las muchas interacciones de Jesús con mujeres:

- La conversación individual más larga que está registrada fue con una mujer (la mujer en el pozo: Juan 4).
- Jesús resucitó de la muerte a la hija de Jairo. En todos los ejemplos registrados en los que Jesús resucita a alguien de la muerte, esta niña es la única persona a la que Jesús tomó de la mano (Lucas 8.50-56).
- Jesús sanó a la suegra de Pedro (Mateo 8.14-15).
- Jesús sanó a una mujer que había sufrido una enfermedad con hemorragias que la había apartado de la sociedad por muchos años (Marcos 5.25-34).
- Dos de las amigas más cercanas de Jesús fueron hermanas que se llamaban Marta y María (Lucas 10.38-42).
- Jesús defendió a una mujer que había sido atrapada en adulterio, y finalmente la salvó de la muerte por apedreamiento público (Juan 8.1-11).

- Jesús escuchó los ruegos de una viuda desesperada cuyo único hijo había muerto, y devolvió la vida a ese hijo (Lucas 7.11-17).
- Jesús sanó a una mujer paralítica (Lucas 13.10-17).
- Jesús elogió a una viuda pobre por su generosidad y la elevó como el estándar de dar al cual todos deberíamos aspirar (Lucas 21.1-4).
- Jesús elogió la persistencia de una viuda y la describió como un modelo de la fe y persistencia que deberíamos tener cuando oramos a Dios (Lucas 18.1-8).

Hay muchos otros ejemplos de Jesús elevando la dignidad de las mujeres de maneras contraculturales. La dignidad y el respeto por las mujeres eran claramente una piedra angular de su vida y ministerio. Aquellos de nosotros que nos consideramos seguidores de Cristo, deberíamos estar en la primera línea de esta batalla continua para dar respeto y oportunidades a las mujeres y las chicas en todo el mundo. No es suficiente simplemente con creer las enseñanzas de Jesús; debemos estar dispuestos a adoptar una postura poniendo nuestra fe en acción.

SEGUIR EL EJEMPLO DE JESÚS A MENUDO REQUIERE ADOPTAR UNA POSTURA

Beth Moore es una destacada maestra de la Biblia y autora que ha mostrado gran valentía en su conversación continua sobre respetar a las mujeres. Beth siempre se ha mantenido alejada de la política, y pese a tener una plataforma masiva y su reputación tremenda dentro del mundo evangélico, ha sido humilde e incluso deferente hacia los líderes varones dentro de la iglesia. Cuando un político destacado fue grabado haciendo comentarios vulgares y rudos sobre las mujeres, Beth quedó asombrada por la aprobación tácita de líderes de la iglesia que minimizaron la vulgaridad considerándola solamente «charla machista». Ella entendió que tenía una responsabilidad moral de intervenir en este diálogo controvertido.

En una incursión poco característica en el debate político en Twitter, Beth Moore desafió valientemente a los cristianos que usaban lenguaje sexista y que objetifica. En términos claros, comenzó a compartir parte del sexismo y la vulgaridad que ella misma y otras mujeres han experimentado dentro de la iglesia, llamó a los hombres cristianos a regresar al estándar de dignidad, igualdad y respeto por las mujeres que Jesús mismo estableció para nosotros.

Estuvo dispuesta a intervenir en la controversia para llevar esperanza y ayuda a las muchas mujeres que han sufrido en silencio bajo la manipulación y el control de hombres poderosos y moralmente comprometidos. Arriesgó su propia plataforma para dar una plataforma a otras víctimas que se sentían indefensas. Su valentía y candor sobre estos asuntos han provocado diálogos sanos dentro de la iglesia e incluso en los medios seculares.[2]

Yo siempre he sido inspirado por personas que muestran la valentía de poner en acción su fe y sus convicciones, incluso cuando eso tiene un gran costo para ellas. Muchos de los grandes movimientos de la historia para producir justicia y libertad para otros han sido iniciados por seguidores de Cristo que simplemente se preguntaban a sí mismos qué haría Jesús en esa misma situación. Porque aquellos de nosotros que nos consideramos seguidores de Jesús tenemos una oportunidad y responsabilidad únicas de liderar el empuje para dar más respeto y protección a las mujeres. Podemos aprender mucho de heroínas modernas como Beth Moore, pero también podemos aprender del ejemplo de muchos héroes del pasado valientes y llenos de fe.

Hay muchas historias en la historia de héroes improbables que han intervenido en sus momentos de destino para producir un impacto y cambio social inmensurables. La mayoría de estas personas no buscaban notoriedad; simplemente estaban dispuestas a hacer lo correcto cuando más importaba. Uno de estos héroes es un monje de primer siglo llamado Telémaco.

Telémaco vivió durante el gobierno del Imperio Romano. Durante su vida, el cristianismo se difundía con rapidez, pero el reino que Cristo predicaba parecía entrar en conflicto con el imperio que Roma intentaba construir. Los líderes romanos se veían amenazados por aquellos que seguían a un rey carpintero con más lealtad de la que seguían al César.

Era un período de gran violencia y agitación. Roma ejecutaba su poder con brutalidad, y cualquier enemigo o enemigo percibido del imperio era asesinado de maneras horrorosas y públicas. Las ejecuciones y crucifixiones públicas tenían intención de ser un disuasivo para aquellos que se atrevieran a desafiar el gobierno y la supremacía de Roma. El ejemplo más famoso de violencia y muerte gratuitas tuvo lugar en el Coliseo Romano, donde los gladiadores peleaban hasta la muerte para el entretenimiento de las masas.

Los juegos de los gladiadores alimentaban la sed de sangre del pueblo. Y ciudadanos con buenos modales se emborrachaban de la violencia y el espectáculo. El Coliseo estaba lleno diariamente de personas que veían a prisioneros y cristianos perseguidos ser acosados y comidos vivos por leones hambrientos, o a gladiadores que peleaban a muerte. A algunos gladiadores se les consideraba deportistas profesionales, pero la mayoría de ellos eran prisioneros que se veían obligados a pelear a muerte con la esperanza de poder obtener algún día su libertad.

Era un juego enfermizo en el que no había ganadores. Quienes estaban en la arena nunca ganaban verdaderamente, porque esencialmente eran esclavos de un sistema quebrado del cual en raras ocasiones podían escapar. Los espectadores nunca ganaban, porque aunque se sentían entretenidos por la emoción momentánea de la batalla, la violencia deshumanizadora, casi con toda seguridad, tenía un impacto negativo en sus vidas diarias y sus experiencias.

En la cúspide de popularidad de los juegos de gladiadores, un humilde monje cristiano llamado Telémaco hacía su primera visita a la gran ciudad de Roma. No estaba seguro de qué esperar, porque provenía de un entorno rural. Su vida había sido una vida sencilla de oración y de servicio a los demás, pero se sentía impulsado por Dios a visitar la ajetreada metrópolis de Roma.

Telémaco se bajó del barco en el puerto romano, y apuesto a que sus ojos se abrieron como platos a medida que procesaba todas las escenas, sonidos y aromas de la gran ciudad. Nunca antes había visto nada como aquello. Mientras intentaba ubicarse, se encontró rápidamente llevado entre la corriente de una multitud que avanzaba. Miles de personas se apresuraban a entrar al Coliseo, y Telémaco siguió a la multitud hasta el inmenso estadio.

Sin saber qué esperar, miró a su alrededor y vio a seguidores enfervorecidos que gritaban y aplaudían ante el terreno polvoriento en el centro de la arena. Telémaco dirigió su mirada al centro del estadio y se asombró al ver a hombres peleando a muerte. Con cada golpe de espada, con cada derramamiento de sangre y cada muerte, la multitud quedaba enloquecida de entusiasmo. Telémaco se asombró ante la depravación y la inhumanidad que veía a su alrededor.

El monje intentó apelar a las personas que lo rodeaban, pero nadie le escuchaba. Estaban inmersos en la batalla. Telémaco entendió que la única manera de producir algún cambio sería situarse él mismo en el terreno. Lanzando por la ventana la cautela, el monje se apresuró a llegar a la pared que separaba los asientos del campo de batalla y se lanzó. No iba armado, y era completamente vulnerable.

Telémaco comenzó a correr hacia los gladiadores mientras ellos peleaban, y les rogaba que se detuvieran. Gritaba sin temor: «En el nombre del Señor Jesucristo, Rey de reyes y Señor de señores, ordeno que estos juegos malvados se detengan. No retribuyan la misericordia de Dios derramando sangre inocente».[3]

Los gladiadores probablemente supusieron que era un espectador borracho, y lo empujaron a un lado. Telémaco persistió, y su presencia en el campo de batalla pasó de ser un apartado entretenido a ser una molestia ante los ojos de los espectadores. En su hambre de más sangre, los espectadores comenzaron a gritar: «¡Mátenlo! ¡Mátenlo!».

Alimentado por la presión pública, uno de los gladiadores agarró su espada y asestó un golpe al torso del monje desarmado. Telémaco cayó de rodillas en medio del Coliseo. Era el lugar en el estadio donde la acústica era mejor, de modo que por primera vez toda la multitud pudo oír lo que el hombre había estado gritando todo el tiempo. Con su último aliento, gritó una vez más: «En el nombre de Cristo, ¡detengan todo esto!».

Cuando Telémaco murió en el centro de aquella arena sangrienta, los vítores se detuvieron y un silencio recorrió toda la multitud. Los gladiadores dejaron de pelear, inseguros de qué hacer a continuación. Uno por uno, los espectadores comenzaron a salir del estadio con un silencio solemne. Perseguidos y convencidos por lo que acababan de ver, su conciencia colectiva había sido tocada.

En un solo acto de valentía, un sencillo hombre de fe cambió la marea de la opinión pública sobre una de las tradiciones más brutales (y populares) del mundo antiguo. Él también señaló a la multitud pagana hacia la esperanza que se encuentra solamente en Cristo.

Una generación después, Roma sería un lugar muy diferente. Los juegos de gladiadores habían terminado y el cristianismo había pasado de ser una religión perseguida a ser la religión oficial del imperio. Sin duda, hubo muchos factores en juego para causar que esos cambios fueran una realidad, pero estoy convencido de que la valentía y el autosacrificio de

Telémaco y otros héroes anónimos como él desempeñaron un importante papel para cambiar la marea.[4]

Equivalentes modernos de los juegos de gladiadores son la pornografía y la objetificación sexual de las mujeres en el entretenimiento. Como los juegos de gladiadores, muestra objetificación comercializada de las mujeres se considera una marca de la cultura moderna. Proporciona una emoción barata y momentánea al consumidor que desea más. Proporciona cantidades increíbles de dinero para quienes se benefician del espectáculo deshumanizador. Esclaviza a quienes participan y también insensibiliza a toda la cultura.

Igual que Telémaco, necesitamos tener la valentía de meternos en la batalla y decir: «En el nombre de Cristo, ¡detengan todo esto!».

Debemos estar dispuestos a situarnos en contra de la opinión pública popular y en contra de quienes se benefician de la objetificación de las mujeres. Debemos oponernos a los deseos en nuestra propia alma que justificarían los pecados continuos en la búsqueda de nuestro propio entretenimiento y autogratificación.

Incluso si significa abnegación, todos debemos estar dispuestos a decir: «En el nombre de Cristo, ¡detengan todo esto! Dejen de maltratar a las mujeres. Dejen de prostituir a las mujeres como forma de entretenimiento. Dejen de justificar la pornografía. Dejen de faltar el respeto a las mujeres. Dejen de utilizar a las mujeres. Dejen de abusar a las mujeres. Dejen de manipular a las mujeres. Dejen de engañar a las mujeres. Dejen de dañar a las mujeres. Dejen de silenciar a las mujeres. En el nombre de Cristo, ¡deténganse!».

En palabras de las mujeres

«Soy una superviviente de abuso sexual que fue abusada por primera vez por un pastor de jóvenes en mi iglesia. Yo estaba muy confusa, porque ese hombre a quien yo respetaba profundamente abusó de mi admiración por él. Aquel pastor más adelante fue procesado y toda la experiencia sacudió mi fe. Me fui de la iglesia y abandoné mi fe por varios años. Después de recibir consejería y de un largo periodo de examinar mi alma, he regresado a Dios. Estoy casada con un hombre cristiano maravilloso. He encontrado sanidad y libertad de aquellas heridas del pasado, y estoy más cerca de Cristo que nunca antes, pero también diré que cualquiera que utilice una posición de poder en la iglesia para abusar de jóvenes debería pasar toda su vida en la cárcel».

—NORA P. (42 AÑOS)

«El trato más respetuoso que he recibido ha venido de hombres cristianos. Desgraciadamente, el trato más irrespetuoso que he recibido ha venido también de hombres cristianos».

—HANNAH T. (51 AÑOS)

«Voy a una universidad cristiana, y allí hay muchos varones que intentan tratar a las chicas del modo correcto. También hay muchos varones que están en grupos de responsabilidad con otros varones para mantenerse sexualmente puros y mantenerse alejados de la pornografía. Incluso cuando meten

la pata, creo que la mayoría de los jóvenes en el campus realmente aman a Jesús y quieren tratar a las mujeres de la manera correcta. Unos pocos malos ejemplos dominan siempre los titulares, pero nadie publica una historia de portada acerca de los hombres que intentan vivir con integridad».

—CINDY K. (19 AÑOS)

«Jesús dijo que mirar a una mujer con deseo es como cometer adulterio. Jesús siempre trató a las mujeres como almas apreciadas y no como objetos de deseo. Apuesto a que Jesús siempre miraba a las mujeres a los ojos en lugar de menospreciarlas o mirar sus cuerpos. Si los hombres siguieran la norma de Jesús, la pornografía desaparecería y la falta de respeto en todas sus formas también desaparecería. Necesitamos recuperar otra vez aquellas viejas pulseras con las siglas QHJ y realmente preguntarnos a nosotros mismos: "¿Qué haría Jesús?". Porque lo que Jesús haría sería respetar siempre a las mujeres».

—EMMA A. (35 AÑOS)

CAPÍTULO 3

LA MENTALIDAD
MACHISTA

*Los muchachos se ríen de lo que hacen pasar
a las muchachas, pero no se reirán cuando
sequen las lágrimas de la cara de su hija por
la misma razón.*

—Will Smith

Hace una década, yo trabajaba en una iglesia grande y multisede en Florida. Era una iglesia vibrante y creciente, pero uno de los pastores de jóvenes ocultaba un secreto siniestro. Este pastor era, a primera vista, una columna de nuestra comunidad. Sus escritos en redes sociales y su persona pública dibujaban la imagen de un hombre de familia sólido que adoraba a sus hijos y que practicaba fielmente el mensaje que predicaba a su grupo de jóvenes. Pero su reputación tan cuidadosamente creada se derrumbó el día en que lo arrestaron por tener una aventura sexual de un año de duración con una chica de quince años de su grupo de jóvenes.

Recuerdo ver la historia de su arresto en las noticias. Él había sido un líder muy respetado y honrado, pero su foto policial mostraba a un hipócrita desconsolado y humillado. Les había roto el corazón a su esposa y sus hijos. Había causado un daño inmensurable a la iglesia que había profesado amar. Había hecho pedazos la inocencia de una joven y le había producido cicatrices emocionales para toda la vida. Nuestra comunidad quedó preguntándose cómo un hombre que parecía ser tan fiable, fiel y respetable podía ser capaz de tales actos horribles.

Más adelante, él confesó que había albergado fantasías con aquella muchacha y con otras en su grupo de jóvenes, pero había supuesto erróneamente que sus fantasías eran inocuas. Nunca creyó que las pondría en práctica. Él era disciplinado en otras áreas de su vida, de modo que tenía una perspectiva orgullosa y errónea de su propia fortaleza personal y sus límites. Creía que era una buena persona e incluso un buen pastor. En su mente, sus fantasías eran solamente una manera natural de aliviar la presión y añadir algo de emoción a su rutina predecible de trabajo, facturas, hijos, y la vida en los suburbios.

Él había compartimentado parte de su mente donde sus oscuras fantasías podían vivir, pero las fantasías pecaminosas nunca se quedan encerradas en los diminutos compartimentos donde intentamos guardarlas. Como más adelante confesó, la primera vez que tuvo contacto sexual con aquella muchacha sucedió sin ningún esfuerzo, porque él había reproducido en su mente ese escenario miles de veces. Sistemáticamente se había insensibilizado y había apartado la brújula moral que lo había guiado durante toda su vida.

Estoy seguro de que él nunca imaginó que cometería una violación legal en la cabina de sonido de un santuario después de una reunión de adoración de jóvenes, pero aquello fue exactamente lo que sucedió en una noche de miércoles que de otro modo era común y corriente. Cualquier pensamiento que permitamos que se repita en nuestra mente, al final dará forma a nuestros actos. En un instante, sus fantasías «inocuas» habían dado a luz consecuencias inimaginables para él mismo, para su víctima y para muchas otras personas.

Trágicamente, he hablado con muchas mujeres a lo largo de los años que han sido abusadas de modo similar por hombres en posiciones de autoridad. He escuchado los relatos desgarradores de acoso, explotación y asalto a manos de hombres que antes eran fiables y admirados. Esta lista de abusadores y mujeriegos incluye a predicadores, jefes, educadores, familiares, políticos, mentores, y multitud de otras categorías. Estos hombres han usado mal su influencia, contaminando egoístamente y menospreciando a mujeres y muchachas como si no fueran otra cosa que objetos desechables en un juego de conquista sexual.

Una de las tendencias comunes entre estos hombres depredadores es la capacidad de mantener una fachada pública respetable a la vez que viven una vida secreta de desviación sexual.

En su arrogancia, parecen creer que sus acciones están libres de consecuencias, pero siempre hay un alto costo en una doble vida. No podemos compartimentar nuestras vidas y creer que lo que hacemos en secreto finalmente no saldrá a la luz. Otro modo de decir «compartimentar» es decir «mentiras compartimentadas». Esas mentiras nos alcanzarán. Siempre lo hacen.

La Escritura nos da la aleccionadora advertencia de que todo lo que se hace en secreto finalmente se gritará desde los terrados, y lo que se hace en la oscuridad siempre será iluminado al final. Y a lo largo del camino, el daño causado por nuestras decisiones seguirá acumulándose. Las consecuencias del pecado sexual crean repercusiones no solo para los involucrados directamente, sino también para muchos otros que se convierten en daños colaterales después. El placer temporal nunca vale la pena a cambio de los lamentos permanentes.

> EL PLACER TEMPORAL NUNCA VALE LA PENA A CAMBIO DE LOS LAMENTOS PERMANENTES.

Quizá la mayor tragedia en toda esta situación con mi anterior colega es que todo el dolor y la devastación eran totalmente prevenibles. Nunca tuvo que suceder. Nunca debería haber sucedido. Estoy seguro de que él daría cualquier cosa por poder regresar en el tiempo y deshacer el daño que causaron sus acciones imprudentes, el efecto en cadena que se ha extendido por toda una comunidad. Mientras está sentado a solas en una celda en la cárcel, estoy seguro de que es perseguido por el dolor que están sintiendo su familia y su joven víctima.

Igual que yo, probablemente tú sientas enojo hacia el culpable en esta historia. Creo que deberíamos sentir un enojo justo y desear justicia cuando mujeres y niñas son maltratadas y abusadas. Aunque deberíamos sentir un enojo justo hacia los criminales y compasión por las víctimas, también creo que deberíamos sentir una tercera emoción. Deberíamos sentir terror. No quiero parecer melodramático aquí, pero creo que como padres y madres de varones deberíamos estar aterrados al saber que muchos hombres que vienen de «buenas» familias y que tienen una «buena» reputación en la comunidad han resultado ser depredadores sexuales.

Existe una mentalidad generalizada en nuestra cultura que ha causado que muchos hombres cometan actos horrorosamente indecentes. Una mentalidad errónea ya ha echado raíces, y las consecuencias son devastadoras. Como padres, no debemos permanecer ciegos a estas mentalidades tóxicas. No debemos creer las mentiras de que solamente monstruos que acechan en los oscuros callejones son capaces de tal depravación. Debemos enfrentar la verdad aleccionadora de que cualquier hombre es capaz de caer en este pozo profundo de pecado si su mente, su corazón, sus ojos y sus acciones no se mantienen enfocados en la dirección correcta.

Al reflexionar en los inquietantes detalles de esta historia desgarradora de mi anterior iglesia, estoy seguro de que quieres creer que tu niño es incapaz de realizar unos actos tan horribles. Yo sin duda quiero pensar lo mismo. Ningún padre o madre quiere creer que es posible este camino oscuro, y ningún niño cree que algún día crecerá y producirá vergüenza a su familia y causará gran dolor en la vida de otros. Y sin embargo, muchos niños crecerán trágicamente y harán exactamente eso.

Debemos enseñar a nuestros hijos a vivir con integridad y evitar los peligros generalizados de vivir una doble vida. Debemos guiar a nuestros hijos hacia desarrollar la mentalidad correcta para que así puedan enfocar las relaciones desde un lugar más sano. Debemos ayudar a nuestros hijos a considerar a las mujeres y las muchachas como herederas en la familia de Dios y no objetos a ser explotados. Debemos equipar a nuestros hijos para evitar las tendencias y las tentaciones que nacen de la mentalidad tóxica que yo denomino «la mentalidad machista».

«Los chicos en mi equipo de básquet de octavo grado charlan sobre pornografía y sexo todo el tiempo que estamos en el vestuario. Un muchacho incluso mostró al equipo un video en un teléfono celular de su novia haciéndolo [sexo oral]. Otro chico ha mostrado fotografías de chicas desnudas con las que ha estado. Siempre hay alguien también que muestra pornografía. Estos mismos muchachos actúan de modo muy diferente en público. Mis padres ni siquiera han hablado conmigo sobre sexo, y piensan que nadie de mi edad sabe incluso lo que es. Mis padres piensan que todos los muchachos en mi equipo son muy agradables, respetuosos e inocentes, pero mis padres morirían si supieran lo que sucede en los vestuarios».

—JAY D. (14 AÑOS)

«En mis años más jóvenes, todo lo que aprendí sobre sexo lo aprendí en los vestuarios. Mis padres nunca me hablaban realmente al respecto, de modo que el vestuario se convirtió en mi clase sobre sexo. Las lecciones que aprendí allí me llevaron por caminos de muchas relaciones rotas. Incluso tuve una ETS. Mucho más adelante fue cuando me di cuenta de que ninguno de aquellos muchachos en los vestuarios sabía de lo que hablaba. Todos aquellos chicos más mayores en el equipo, a los que yo consideraba machos y hombres fieles, ahora son gordos, borrachos, están divorciados y enganchados a la pornografía. Me gustaría poder desaprender todo lo que aprendí en los vestuarios».

—DRAKE E. (31 AÑOS)

En el vacío creado por la falta de conversaciones saludables sobre sexo y respeto en nuestros hogares, iglesias y comunidades, los hijos buscan respuestas en el Internet y en los vestuarios. La información que encuentran allí crea con frecuencia muchos más problemas que soluciones. Incluso más peligrosa que la mala información que proporciona con frecuencia el vestuario, puede crear una mentalidad de que hay ciertos lugares donde es seguro y aceptable ser irrespetuoso hacia las mujeres.

Cuando un niño crece y se convierte en un hombre, esta mentalidad machista puede dar a luz a una doble vida como la tragedia de la que hablé sobre mi amigo. Cuando tenemos cualquier compartimento de nuestra vida o nuestro cerebro donde permitimos que vivan pensamientos o acciones sexistas, eso siempre causará estragos. Incluso si no conduce a una aventura amorosa continua como experimentó mi amigo, aún así puede cambiar el pensamiento de un muchacho y causar daños a las relaciones presentes y futuras.

La mentalidad machista no siempre tiene lugar en un vestuario de verdad; puede suceder en una sala de juntas, una sala de la casa o un chat, o simplemente una habitación escondida en tu propia mente donde permites que ciertos pensamientos y fantasías se repitan según demanda. Es realmente en cualquier lugar donde uno o más hombres crean una cultura de sexismo y falta de respeto por las mujeres bajo el disfraz de una expresión sana e inocua de masculinidad. La vieja frase que dice que «los chicos serán siempre chicos» ha alimentado esta mentalidad y ha dado un boleto libre a generaciones de hombres que pensaban que tenían derecho a ser sexistas y rudos.

Quiero aclarar que un grupo de hombres juntos no siempre conduce a esta mentalidad. En el capítulo anterior hablé sobre el ejemplo de Jesús. Él estaba rodeado por un grupo de discípulos varones y amigos en un entorno que era claramente respetuoso con las mujeres. Yo he visto de primera mano los beneficios de tener un grupo de amigos varones. No estoy criticando a todos los equipos, los deportes, o los grupos de hombres. Antes de que comiences a pensar que soy un aguafiestas que está en contra de las bromas y de pasar un buen tiempo con los muchachos, quiero que sepas que creo que las amistades masculinas pueden y deberían ser una parte saludable de las vidas de nuestros hijos.

No estoy en contra de que los hombres se reúnan y se diviertan. De hecho, ¡me encanta! Yo soy un hombre a quien le gusta contar bromas tontas con los mejores de ellos. Realmente me votaron como «payaso de la clase» en mi segundo año de universidad, después de organizar una variedad de comedia al estilo SNL con un grupo de muchachos. Éramos ridículos e irreverentes, pero la comedia nunca traspasó la línea de ser sexista o irrespetuosa hacia las mujeres. También me gusta conectar con mis dos hermanos para ponernos al día, disfrutar de una cerveza artesanal, y ver un partido de fútbol americano. Me ha gustado estar en grupos de hombres, estudios bíblicos para hombres, equipos deportivos, e incluso una fraternidad universitaria. Irónicamente, ni siquiera estoy en contra de los vestuarios. Cuando los hombres son apropiados en sus celebraciones compartidas de masculinidad y de metas colectivas como equipo, el ambiente de equipo puede ser un lugar maravilloso para que haya un crecimiento individual y colectivo. Las amistades masculinas sanas son esenciales.

Incluso las películas que le gustan a la mayoría de los hombres señalan a nuestra necesidad de tener amistades masculinas. Desde mis años de adolescencia, mis películas favoritas han seguido siendo *Braveheart* y *Tommy Boy*. Una es una película sobre batallas épicas de hombres, y la otra es sobre humor masculino ridículo. Representan dos aspectos separados pero iguales de mis propias necesidades, y la mayoría comparte estas mismas necesidades de camaradería, batallas compartidas y risas compartidas. Estas son necesidades sanas. Sencillamente necesitamos ser más intencionales con respecto a encontrar maneras saludables de satisfacer estas necesidades en lugar de conformarnos con falsificaciones peligrosas.

Cuando se hace bien, hay algo muy especial que sucede en un grupo de amigos varones. No hay nada como eso. Puede haber un vínculo de aliento, responsabilidad y motivarse unos a otros hacia grandes cosas. La Biblia incluso alienta estas relaciones con la metáfora masculina de las espadas, al decir: «El hierro se afila con el hierro, y el hombre en el trato con el hombre» (Proverbios 27.17, NVI).

Me gusta mucho ese versículo, y me encanta la imagen de hombres piadosos que tienen una relación tan cercana que se afilan unos a otros con las chispas que salen de dos espadas que se golpean en los bordes, afilando simultáneamente ambos filos. Esta es una búsqueda buena y piadosa, pero en algún lugar en el camino, la mentalidad machista moderna sustituyó a las hermandades del pasado que eran heroicas, caballerosas, valientes y puras de corazón.

Esto no es lo mismo que decir que todos los ejércitos bíblicos o las amistades de antaño de los caballeros heroicos eran perfectas. Hay muchas historias de fracasos registradas en la Biblia y en la historia de la época de los caballeros y las Cruzadas. Hay defectos en cada varón, porque todos hemos pecado y necesitamos la gracia de un Salvador. La diferencia entre el mandato bíblico de masculinidad y la complacencia moderna con lemas machistas no es que los hombres solían ser perfectos y ahora los hombres son malos. No es que los hombres hayan cambiado, sino más bien nuestros estándares para los hombres han cambiado.

Parte de nuestra aprobación tácita de la conducta machista surge de una falta de canales aceptables para que los hombres expresen o celebren su masculinidad. Nuestra cultura ha experimentado un despertar colectivo con respecto al maltrato de las mujeres, lo cual es bueno, pero parte de nuestra respuesta ha sido criticar sutilmente a los hombres y la masculinidad en general, lo cual es malo. Esta respuesta en realidad empeora el problema relacionado con la falta de respeto hacia las mujeres, porque empuja a niños y hombres más profundamente hacia la mentalidad machista.

Yo he quedado sorprendido por la prevalencia de esta mentalidad a lo largo de mi propia vida. La he visto en todo lugar de trabajo del que he sido parte, entre los que se incluyen una pizzería, un supermercado, una fábrica de automóviles, un lugar de construcción, universidades, e incluso iglesias. En cada uno de esos entornos, hombres que de otro modo eran hombres buenos y esposos y padres dedicados contaban chistes sexistas, compartían historias sexualmente explícitas, y charlaban sobre fantasías sexuales gráficas. También he oído muchos comentarios sexuales e incluso vulgares hechos por hombres acerca de sus compañeras de trabajo.

Para arrojar un rayo de luz a la oscuridad y la prevalencia de la mentalidad machista, por favor, has de saber que no todos los hombres participan en estas conductas. He estado cerca de muchos hombres de un gran carácter e integridad que nunca participaron ni toleraron este tipo de conducta. Hay muchos hombres que muestran los mismos niveles de honor e integridad en público y en privado. No dejes que los malos ejemplos corrompan tu perspectiva de todo el mundo que tiene un cromosoma Y. Hay muchos hombres honorables ahí fuera.

No todos los hombres ceden a la presión para ser parte de una conversación inapropiada, pero para la mayoría de los hombres sigue siendo una tentación. Nunca llegamos a sobreponernos totalmente a los efectos de la presión de grupo. Incluso a los hombres que no compartimos palabras explícitas y sexistas, muchos de nosotros que nos abstenemos de eso, nos falta la valentía para levantar la voz y corregir a los otros hombres diciéndoles que sus palabras no son adecuadas.

Por muchos años yo no tuve esa valentía. Por muchos años me reí de las bromas o me quedé en silencio cuando se hacía un comentario sugerente o claramente vulgar sobre una mujer. Parecía indefenso en aquel momento. ¿Por qué darle tanta importancia? ¿Por qué crear incomodidad innecesaria al amonestar a alguien? Mis justificaciones de ser un pacificador silencioso eran un débil disfraz para mi cobardía.

Parte de mi motivación para escribir este libro es intentar enmendar el modo en que mi silencio ha contribuido a la crisis que ahora condeno públicamente. Quiero hacerlo mejor. Quiero criar a mis hijos para que lo hagan mejor. No es suficiente con quedarnos en silencio cuando surge esta mentalidad; debemos ser hombres de valentía que llamen a los hombres, incluidos nosotros mismos, a una norma más elevada, incluso si eso significa ser ridiculizados o excluidos.

Necesitamos enseñar a nuestros hijos que su masculinidad es un regalo a celebrar, pero que la celebración colectiva y chovinista de hazañas sexuales no es una celebración saludable. Deshumaniza tanto a los hombres que participan en ella como a las mujeres que son los objetos de las bromas, historias y fantasías sexuales. Necesitamos una alternativa. El autor George Gilder ha dicho acertadamente: «Las sociedades sabias proporcionan amplios ejemplos para que los jóvenes se afirmen a sí mismos sin afligir a otros».[1]

Los hijos buscan desesperadamente validación de su masculinidad. Quieren saber lo que significa ser hombre. En su libro *Searching for Tom Sawyer* [Buscando a Tom Sawyer], Tim Wright resume algunas de las inseguridades que se ocultan tras la valiente bravuconería de vestuarios, salas de juntas, y cualquier otra sala donde los hombres se conformen con una versión falsificada de masculinidad auténtica. Él escribió:

En Estados Unidos, demostrar masculinidad parece ser un proyecto de toda la vida, interminable e implacable. Diariamente, hombres maduros se amonestan entre sí, restando la masculinidad mutuamente. Y funciona la mayoría de las veces. Casi se puede garantizar que comenzará una pelea prácticamente en cualquier lugar en Estados Unidos al cuestionar la masculinidad de alguien.

Con frecuencia me he preguntado por qué los hombres prueban y demuestran su masculinidad tan obsesivamente. ¿Por qué sienten que hay tanto en juego? En parte, creo que se debe a que el momento transicional mismo hacia la masculinidad está muy mal definido. Nosotros, como cultura, carecemos de rituales coherentes que podrían demarcar el paso de la niñez a la edad adulta para hombres o mujeres. No es sorprendente que tampoco quede claro quién exactamente tiene la autoridad para hacer la validación.[2]

La observación de Tim Wright llega al corazón del tema que abordó Robert Lewis en su libro *Raising a Modern-Day Knight* [Cómo criar a un caballero moderno]: «Las comunidades en el pasado proporcionaban una visión compartida de masculinidad. Proporcionaban ceremonias para marcar el paso de un varón de la adolescencia a la hombría».[3]

Las conversaciones machistas en los vestuarios se han convertido en un mal sustituto de algo noble que ya no hacemos. Nuestros hijos quieren saber lo que significa ser un hombre, pero nosotros hemos hecho un trabajo retorcido a la hora de definirlo para ellos. Hemos hecho una tarea incluso peor al celebrarlo y marcar los hitos mientras ellos pasan de la niñez a la adolescencia y a la hombría.

Con la falta de una definición clara o ritos de pasaje, los hijos se quedan solos para suponer que cada cumpleaños es un hito, o quizá la aparición de vello púbico o ligera barba en su barbilla. Estas marcas automáticas y aparentemente superficiales de hombría hacen muy poco para satisfacer la pregunta no declarada de su alma: *¿Ya soy hombre?*

Esta pregunta es el clamor del corazón de cada niño. Comienza a temprana edad. Mi hijo de tres años, Chatham, sale del baño cada vez que utiliza exitosamente el orinal con un anuncio confiado de su éxito y después su declaración: «¡Me estoy haciendo un hombre!».

Incluso hombres maduros batallan con inseguridades con respecto a si estamos a la altura. Nos medimos a nosotros mismos con métricas turbias y siempre nos preguntamos si somos lo suficientemente buenos. Nos preguntamos si somos buenos proveedores, buenos padres y buenos esposos. Estamos desesperados por obtener respeto, y con frecuencia nos sentimos indignos de recibirlo. En mis años de trabajo con parejas casadas, estoy convencido de que la pregunta no declarada más común que se plantean constantemente los hombres es: «¿Me respeta mi esposa, y cree ella que soy un buen hombre?».

Si se les da la opción, la mayoría de los hombres preferirían ser respetados a amados. Irónicamente, los hombres somos capaces de mostrar una conducta muy irrespetuosa en nuestra búsqueda de ser respetados. La mayoría de los hombres albergan heridas debidas al rechazo, con frecuencia de sus propios padres; y las inseguridades que quedan tras la secuela de esas heridas pueden conducir a un hombre a una conducta incluso más arriesgada en un intento por demostrar su propia hombría y obtener respeto. Incluso entre los hombres arrogantes hay con frecuencia un lado oculto de inseguridad que intentan enmascarar mediante su búsqueda de ser el macho alfa. Todos queremos saber lo que es realmente un hombre genuino y si estamos a la altura. En la duda que resulta de nuestra ambigüedad (o incluso hostilidad) que rodea a la hombría, los muchachos son presa fácil para la mentalidad machista que se oye en el vestuario.

En el vestuario surgen los ritos de pasaje falsificados como hazañas sexuales. En lugar de pruebas de carácter y valentía, como era costumbre en el pasado, ahora los chicos enfrentan pruebas de hombría de seducción y arrojo. Se les dice a los chicos que su hombría se define por las marcas en sus cinturones en lugar de las verdades atemporales en sus Biblias. Se les dice a los chicos que las chicas son presas a ser conquistadas en lugar de almas que hay que atesorar. Cuando la hombría es redefinida por la charla machista, todos pierden.

Por lo tanto, ¿qué hemos de hacer nosotros como padres y madres con todo esto? Hablaré de las respuestas a esa pregunta con mucho más detalle en los capítulos siguientes. Para esta parte de la conversación, antes necesitamos reconocer que existe la mentalidad machista, y su tentación es una gran atracción hacia el lado oscuro en la guerra por los corazones y las almas de nuestros niños. Necesitamos saber que la mentalidad machista tiene tentación solamente porque promete satisfacer una necesidad que surge de un deseo saludable. Nuestros hijos quieren saber lo que significa ser un verdadero hombre, y desean que alguien les muestre lo que eso significa realmente.

> NUESTROS HIJOS QUIEREN SABER LO QUE SIGNIFICA SER UN VERDADERO HOMBRE, Y DESEAN QUE ALGUIEN LES MUESTRE LO QUE ESO SIGNIFICA REALMENTE.

Necesitamos enseñar a nuestros hijos varones que la mentalidad machista es una mentira y no tiene lugar alguno en la hombría sana. Ellos necesitan saber que es equivocada, necesitan saber que mientras más se deslicen hacia esa mentalidad errónea, más estarán saboteando sus relaciones presentes y futuras con las mujeres. También se harán un gran daño a sí mismos. Siempre que usamos o abusamos de otro ser humano, sacrificamos una parte de nuestra propia humanidad en el proceso.

PUEDE PRODUCIRSE EN CUALQUIER LUGAR

Precisamente esta mañana estábamos viendo el programa *Good Morning America* mientras los niños se preparaban para la escuela. Las presentaciones destacaban otra historia más de hombres que abusan y maltratan a mujeres. Esta vez, había sucedido en un lugar relacionado con la clase alta y la sofisticación, donde la mentalidad machista parecería fuera de lugar. Mientras veíamos el desarrollo de esa historia, fue un doloroso recordatorio de que la mentalidad machista puede producirse en cualquier lugar.

Una bailarina de diecinueve años llamada Alexandra Waterbury había soñado durante toda su vida con ser parte algún día del Ballet de la ciudad de Nueva York, el cual está considerado como una de las mejores instituciones de danza y artes escénicas de todo el mundo. Su trabajo duro y su talento hicieron realidad su sueño, y se le otorgó un lugar en el ballet. Poco después comenzó a tener citas con otro bailarín varón de veintiocho años, y todo en su vida parecía perfecto. Estaba enamorada, o eso creía ella.

Una noche en el apartamento de su novio, entró en la computadora portátil de él para revisar su correo. Apareció un hilo de mensajes de texto del teléfono de su novio, mostrando una correspondencia continua con un número desconocido. El hilo del texto se refería a ella y a otras jóvenes en el ballet en términos vulgares y derogatorios. Ella quedó asombrada y quiso creer que todo aquello era algún tipo de error, de modo que comenzó a investigar más.

Unos minutos de investigación revelaron algunos descubrimientos repugnantes. Según Alexandra, su novio la había estado fotografiando desnuda sin su conocimiento, y también había grabado en secreto videos de sus escenas en la cama. Había estado compartiendo esas imágenes y videos con los otros bailarines varones del ballet e incluso con algunos de los donantes varones del ballet. Al menos nueve hombres eran parte de una red clandestina que utilizaban a las jóvenes en la compañía de ballet y que se pasaban fotos y videos para su entretenimiento colectivo.

Ella quedó horrorizada, desgarrada y enfurecida al mismo tiempo. Describía que nunca se había sentido más violada que en aquel momento. Se dio cuenta de que el hombre al que creía amar solamente la estaba utilizando, y que toda una red de hombres en quienes ella había confiado la estaban violando íntimamente como una forma retorcida y enfermiza de entretenimiento.[4]

Aquellos hombres parecían muy refinados y sofisticados a primera vista. Por sus palabras y sus acciones públicas se habían labrado astutamente una reputación de que respetaban a las mujeres, pero había surgido la insidiosa mentalidad machista. Tras bambalinas, aquellos hombres aparentemente sofisticados se comportaban como una sociedad secreta de proxenetas, directores de pornografía y criminales clandestinos. Estaban cometiendo una forma de violación virtual cada vez que grababan y compartían la imagen íntima de una mujer sin el conocimiento o el consentimiento de esa mujer.

Nuestro hijo de trece años estaba viendo esta asombrosa historia junto con nosotros. Parte de mí quería tapar sus ojos y oídos para proteger su inocencia. Yo quería que él creciera en un mundo donde no existan historias como esta, pero también necesito prepararlo para un mundo donde eso sucede diariamente. Quiero que él esté equipado con las palabras y los rasgos de carácter para saber cómo responder con sabiduría. Quiero estas mismas cosas para todos mis hijos y también para los tuyos. Más importante aún, Dios quiere estas cosas para nuestros hijos.

Por lo tanto, ¿qué significa realmente proteger la inocencia de nuestros hijos a la vez que no les permitimos vivir en ignorancia de las injusticias del mundo? Jesús enseñó que deberíamos ser sabios como serpientes e inocentes como palomas. ¿Cómo ponemos en práctica este mandato bíblico, y enseñamos a nuestros niños a vivir en la dicotomía de estos dos extremos aparentemente contradictorios?

Jesús no estaba hablando con hipérbole o una retórica exagerada cuando nos dijo que vivamos con la astucia de las serpientes y la inocencia de las palomas. La educación balanceada de los hijos requiere enseñar ambas lecciones dentro del contexto del amor. Obviamente, quiero proteger la inocencia de mis niños, pero también necesito atemperar esa inocencia con la sabiduría que proviene de las duras realidades de nuestro mundo quebrado. Algunas veces se produce una tensión caótica y delicada entre enseñar inocencia y enseñar sabiduría, pero debemos vivir en esa tensión para criar hijos que estén equipados para la edad adulta.

Yo quiero que mis hijos estén equipados para abordar las profundas injusticias de nuestro mundo y para ser parte de la solución. Este equipamiento requiere incontables conversaciones incómodas, pero nosotros como padres y madres debemos tener la valentía de entablar esas conversaciones. Es una de las tareas más difíciles de la educación de los hijos, pero es también una de las más satisfactorias.

No permitas que tu temor te mantenga en los márgenes. Plantea las preguntas difíciles, y ten las conversaciones difíciles con tus hijos varones. Si no estamos liderando la discusión mientras ellos son jóvenes, no tendremos ninguna influencia para comenzar la discusión cuando sean más mayores y más independientes. Mientras más charlemos, más escucharán ellos. Mientras más escuchemos nosotros, más hablarán ellos.

Ashley y yo utilizamos esta historia como un trampolín hacia otra conversación con Cooper sobre pureza sexual, integridad y respeto hacia las mujeres. Charlamos francamente con nuestro hijo sobre las acciones viles que habían creado esa historia en las noticias que acabábamos de ver juntos. Charlamos sobre tentaciones que otros chicos y hombres podrían presentar ante él algún día para justificar conductas secretas que son irrespetuosas (o incluso criminales) hacia las mujeres. Hablamos de que integridad, pureza y sinceridad son marcas de verdadera hombría. Hablamos de tener la valentía para ser un protector de las mujeres cuando otros no las están respetando.

Cuando terminó la historia y la conversación del presentador cambió hacia la climatología y los deportes, concluimos nuestra lección y nos levantamos para seguir adelante con la caótica rutina matutina antes de que comenzara la escuela. Toda la conversación había durado solamente un par de minutos, y en una mañana con cuatro niños preparándose para la escuela, eso es prácticamente todo lo que dura cualquier conversación. Después de que él tuvo algún tiempo para reflexionar en la historia y en nuestra conversación, resumió sus ideas en una afirmación a Ashley. Le dijo a su mamá: «Esos tipos deberían haber leído el nuevo libro de papá. Entonces habrían entendido cuán importante es respetar a las mujeres, y esta historia tan mala quizá nunca habría sucedido».

En el periodo en el que he estado trabajando en este libro, el endoso repentino de Cooper ha sido el aliento más significativo para mí. Ver que estas lecciones echan raíces en los corazones y las mentes de mis propios hijos fue mi principal inspiración para escribir en un principio. Espero que estas lecciones sigan echando raíces en ellos, y a pesar de mis incontables imperfecciones y errores, espero y es mi oración que mis hijos vean el ejemplo auténtico de estos principios positivos en mi propia vida. Nuestros hijos podrían olvidar gran parte de lo que decimos, pero nunca olvidarán si nuestras palabras estaban en consonancia con nuestras acciones.

En palabras de las mujeres

«*Cuando los hombres en el trabajo tratan nuestras salas de reunión como si fuera un vestuario, me siento muy incómoda. No necesariamente dicen nada ofensivo, pero ahí está esa vena de macho que pueden mostrar y que te hace sentir como si te estuvieran desvistiendo con sus ojos. No lo entiendo, pero cuando algunos hombres están con otros hombres sienten que tienen que demostrar algo siendo irrespetuosos hacia las mujeres. Si realmente quieres "ser el hombre", entonces trata a las mujeres con respeto*».

—REBECCA C. (33 AÑOS)

«*Muchos chicos en la escuela quieren tener citas y esperan que las chicas les hagan cosas sexuales, incluso si no están teniendo citas el uno con el otro. Si un chico tiene una cita con una chica, espera que sin duda ella lo haga todo (sexualmente). Si una chica no lo hace, es catalogada como puritana o una reina de hielo. Si lo hace, es catalogada como prostituta. En cualquiera de los casos, tengo la sensación de que los chicos solamente quieren nuestro cuerpo y no les importa mucho nuestra alma*».

—EMILY Z. (16 AÑOS)

«*Me gustaría que los chicos supieran que a las mujeres les gustan los cumplidos, pero que odiamos los cumplidos asquerosos. Me refiero a que es bonito cuando un chico reconoce algo positivo* en ti, pero cuando todos los cumplidos son sobre tu aspecto físico y mientras lo dice te mira de arriba abajo, es asqueroso. Da la sensación de que te está desvistiendo con la mirada. Me gustaría que los chicos me miraran a los ojos y me hicieran cumplidos sobre atributos que también destacarían en otros hombres. No quiero ser considerada un objeto o evaluada del uno al diez en su escala superficial. Mírame a los ojos y trátame con respeto, y yo haré lo mismo contigo. Es así de sencillo».

—BECCA M. (20 AÑOS)

«Algunos hombres miran a las mujeres como indignas cuando han pasado la edad de ser físicamente deseables ante sus ojos. Las mujeres de más edad deberían ser respetadas, pero ante los ojos de algunos hombres, las mujeres más mayores no son dignas porque para ellos el valor de una mujer está relacionado totalmente con el aspecto físico. Tristemente, estos hombres con una mentalidad superficial se pierden toda la sabiduría que podrían aprender de mujeres que tienen experiencia en la vida».

—KAREN L. (61 AÑOS)

«Los chicos siempre nos ponen etiquetas. Si practicas algún deporte, eres lesbiana. Si estudias duro, eres una fanática. Si no te ríes de sus chistes sucios, eres una estirada. Los chicos creen que pueden catalogar y definir la dignidad de una chica, y muchas chicas creen la misma mentira. Solamente Dios puede definirme».

—SARAH R. (17 AÑOS)

CAPÍTULO 4

¿QUÉ SIGNIFICA SER UN «VERDADERO HOMBRE»?

Estén alerta. Permanezcan firmes en la fe.
Sean valientes. Sean fuertes.

—1 CORINTIOS 16.13

Cuando yo era un muchacho, tuve el privilegio de pasar algún tiempo con mi bisabuelo. Él era un agricultor que trabajaba duro y que crió a nueve hijos y construyó una casa con sus propias manos. Nunca vivió para llegar a ver los teléfonos inteligentes, pero probablemente habría pensado que hombres adultos que juegan videojuegos en el Internet ¡estaban desperdiciando sus vidas!

Él era un hombre duro. Cada uno de sus nudillos tenía el tamaño de mi puño. Cuando tenía mucho más de ochenta años, seguía teniendo fuerza para derribar a un mocoso si quisiera hacerlo. A pesar de su fuerza bruta y su aguante, era tierno de corazón y amable. Era rápido para jugar con sus nietos, reír con sus amigos, besar a su esposa o darle una recompensa a su viejo chucho, y derramaba una lágrima cada vez que hablaba sobre Jesús.

Nunca ganó más de cinco dólares la hora en la fábrica del sindicato en el sur de Indiana, pero antes y después de cada turno en la fábrica trabajaba duro en su granja para que su familia tuviera todo lo que necesitaba. Él mismo cazaba o cultivaba todo lo que comía su familia. Su armario contenía solamente unas pocas camisas y un par de overoles, y sus posesiones terrenales no eran nada que alguien pudiera codiciar, pero cuando murió, dejó bienes por un valor de más de un millón de dólares a sus hijos. Además de eso, sin embargo, dejó un legado espiritual de valor eterno que sobrepasaba con mucho el del dinero o el de las tierras.

Ahora vivimos en una generación donde su marca de hombría podría parecer anticuada, pero tenemos mucho que aprender de su enfoque. Hay muchos aspectos en los que nosotros como hombres modernos no estamos dando en la diana. No estoy diciendo que todos tengamos que encajar en una definición estrecha de masculinidad o que todos sepamos manejar herramientas. Después de todo, mi esposa es mucho mejor con las herramientas que yo; pero necesitamos reenfocarnos en algunos valores atemporales y pautas que nos ayudarán a llegar a ser los hombres que fuimos creados para ser.

Para hacer eso, primero necesitamos abrir nuestros ojos a algunas de las tareas más importantes donde nosotros como hombres modernos tendemos a fallar. Si estamos dispuestos a hacer humildemente correcciones de rumbo donde sea necesario, podríamos mejorar nuestras vidas, nuestras familias y nuestros legados.

Como nota importante, solamente porque podrías estar «fallando» actualmente en una o más de estas áreas no significa que seas un fracaso. *Fracaso* no es una etiqueta que nunca tengas que ponerte. Este libro no está escrito para asignar etiquetas, sino para llamarnos a todos a hacer correcciones importantes en nuestras percepciones y nuestras acciones para que así podamos vivir una vida con el mayor significado posible.

SIETE ÁREAS DONDE LOS HOMBRES MODERNOS A MENUDO FALLAN EL BLANCO

Teniendo en mente esta meta, echemos un vistazo a siete áreas donde nosotros, los hombres modernos, fallamos el blanco y quizá enseñamos inconscientemente a nuestros hijos las prioridades erróneas.

1. Priorizamos la carrera profesional y/o los pasatiempos por encima de la familia.

Como hombres, tendemos a ser atraídos a lugares que «tienen sentido». En otras palabras, nos gusta que nuestro mundo tenga reglas claras, papeles y recompensas por nuestras acciones. En la vida familiar se complica un poco más. No siempre sabemos si estamos a la altura. No siempre sabemos cuál debería ser nuestro papel. No siempre tiene sentido. Debido a eso, muchos hombres cometen el trágico error de refugiarse en sus pasatiempos o carreras profesionales y cambiar tiempo de calidad con la familia por otros placeres o búsquedas. Hombres: al final, tu familia será lo único que te importe. Por favor, no esperes hasta entonces para descubrir esta verdad. Dale el lugar de prioridad que se merece y necesita en tu horario. Ellos no necesitan que seas perfecto, ¡pero necesitan desesperadamente que estés presente!

2. Valoramos nuestro placer por delante de nuestro propósito.

Hemos comenzado a valorar la pornografía más que la verdadera intimidad, el sexo más que el compromiso, y jugar en el campo más que el matrimonio. Somos indisciplinados con nuestras finanzas. Somos descuidados. No queremos demorar nuestra gratificación. No queremos seguir nada que podría costarnos algo. Esta tentación diaria tiene el potencial de robarnos precisamente nuestro propósito. Tenemos que plantearnos las preguntas: *¿Cuáles quiero que sean mi vida y mi legado? ¿Quiero vivir solamente para el momento, o quiero hacer una inversión en este momento que perdurará después de mí? ¿Quiero placer temporal, o quiero un impacto permanente y positivo?*

3. Valoramos a quienes están de acuerdo con nosotros, pero descartamos a las personas que no comparten nuestras opiniones.

Solíamos vivir en una sociedad donde podíamos tener un discurso civilizado en torno a asuntos que importaban. Ahora, siempre que alguien está en desacuerdo con nuestra postura, atacamos con una cruel venganza reduciendo su argumento a un meme en el Internet y reduciendo su dignidad catalogándolos de «poco amigable». Somos demasiado rápidos para catalogar a las personas o meterlas en moldes. Cuando nos negamos a tener un diálogo respetuoso en torno a nuestras distintas convicciones y creencias, entregamos una parte de nuestra propia humanidad, destruimos relaciones, y perdemos la oportunidad de aprender de cualquiera que no piense y sienta exactamente como nosotros. Una de las pruebas más verdaderas de hombría madura es la capacidad de estar en desacuerdo a la vez que seguimos siendo respetuosos.

4. Nos importa más «obtener crédito» que tener carácter.

En nuestra cultura obsesionada con el éxito, hemos perdido de vista el valor de la verdadera integridad. El carácter se mide por lo que hacemos cuando nadie está mirando, pero en estos tiempos parece como si no valoramos nada si no hay alguien observando. Creemos que podemos tener un armario lleno de sucios secretos mientras protejamos nuestra reputación. Hemos adoptado una mentalidad hueca y egoísta merecedora de la condenación que Jesús mostró a los fariseos de su época cuando dijo que ellos eran «sepulcros blanqueados que se veían bien por fuera, pero estaban llenos de huesos de hombres muertos». Necesitamos comenzar a valorar la integridad por encima de los ingresos, el carácter por encima del carisma, y la realidad por encima de la reputación.

5. Elevamos nuestros propios planes por encima de los de todos los demás.

Aunque hay algo que decir en cuanto a tener una sensación de responsabilidad personal y ética de trabajo, muchos de nosotros hemos llevado esto demasiado lejos. Tenemos tal necesidad de controlar que empujamos a todos los demás, Dios incluido, si se interponen en el camino de nuestros propios planes. Nuestra necesidad de control crea estrés innecesario o egos inflados, y con frecuencia ambas cosas. Necesitamos ser lo suficientemente humildes para saber que hay un Dios y que nosotros no somos Él. Dudo que Drake estuviera rapeando sobre una cosmovisión bíblica cuando escribió su exitosa canción «El plan de Dios», pero espero que recuerde a quienes escuchan que el plan de Dios tiene que ser el centro de nuestras vidas. Necesitamos confiar en el plan de Dios en lugar de forzar siempre el nuestro.

> NECESITAMOS COMENZAR A VALORAR LA INTEGRIDAD POR ENCIMA DE LOS INGRESOS, EL CARÁCTER POR ENCIMA DEL CARISMA, Y LA REALIDAD POR ENCIMA DE LA REPUTACIÓN.

6. Nos ponemos a nosotros mismos por delante de nuestras esposas y establecemos el ejemplo para nuestros hijos.

Una de las principales razones por las que las relaciones entre chicos y chicas están tan quebradas es que los ejemplos de muchas relaciones entre esposo y esposa están quebrados. Muchos hombres han redefinido lo que debería ser el matrimonio utilizando criterios egoístas. A menudo utilizamos a nuestra esposa o planteamos demandas egoístas en lugar de amarla verdaderamente. Nuestras esposas merecen algo mejor. Nuestros hijos merecen algo mejor. Si tu matrimonio está batallando y no sabes por dónde comenzar, por favor lee los artículos, videos, eventos y recursos sobre matrimonio que tenemos disponibles en www.MarriageToday.com.

7. Valoramos el trabajo en red por encima de las amistades genuinas.

En nuestra búsqueda de logro personal y profesional, tendemos a ver a otras personas como objetos y bienes en lugar de amigos. En el proceso, hemos perdido de vista lo que significa la amistad. Nos encontramos rodeados de personas que nos deben favores, pero no sabemos lo que significa hacer algo amable por alguien sin pensar en recibir una compensación. Necesitamos regresar a lo básico. Necesitamos invertir en amistades significativas. Las relaciones son lo que da significado a la vida. Cuando estemos en nuestro lecho de muerte algún día, nuestra fe, nuestra familia y nuestros amigos serán lo único que importe.

LA BÚSQUEDA DE HOMBRÍA AUTÉNTICA

Mi esposa se crió en un hogar con una hermana y sin ningún hermano, y nunca vio un evento deportivo en televisión ni fue a un partido de deportes profesional en toda su niñez. Como contraste, yo me crié en una casa llena de hermanos, con un papá que había sido una estrella del fútbol americano e incluso jugó brevemente en la NLF. Los deportes estaban en el ADN de nuestra familia. Aunque yo era el más bajito y menos atlético de mis hermanos, aún así, el deporte representaba un papel muy importante en mi niñez. Cuando comenzamos por primera vez a tener citas, recuerdo que Ashley preguntó: «¿Por qué a ustedes los muchachos les gustan tanto los deportes?».

Sé que muchas muchachas y mujeres aman los deportes tanto como los hombres, de modo que no quiero hacer aquí una generalización sexista, pero los muchachos y los hombres a menudo están más inclinados hacia los deportes porque nuestra testosterona nos impulsa a la competición física. Pero no creo que esa sea la razón principal. Como respuesta a la pregunta de Ashley sobre hombres y deportes hace tantos años atrás, le di una respuesta que parecía instintiva. Casi me sorprendí a mí mismo al decirlo. Era como si estuviera tumbado en un sofá con un terapeuta y hubiera descubierto un momento de avance que me ayudó a darle sentido a mi proceso mental.

Entendí que yo amaba los deportes, aunque los deportes en realidad no habían sido buenos conmigo. En una ocasión vomité mientras corría en el gimnasio delante de las animadoras en un entrenamiento de béisbol. Al día siguiente fui eliminado del equipo. También vomité en un entrenamiento de fútbol americano. ¡Mi carrera deportiva ha producido más vómitos que victorias! Claramente, no me gustaban los deportes debido a la gloria, porque yo no había experimentado mucho de eso. Me encantaban los deportes por una razón que nunca me había detenido a considerar hasta aquel momento.

Respondí la pregunta de Ashley diciendo que una de las razones por las que a la mayoría de los muchachos les gustan los deportes es porque los deportes tienen sentido. Los deportes tienen límites claros y normas claras. Se puede saber quiénes son tus aliados y quiénes son tus adversarios por los uniformes. Se puede saber por los límites claros dónde exactamente tienes que estar. Se puede saber por el marcador si estás ganando. Se puede saber por el reloj exactamente cuánto tiempo te queda para lograr lo que hay que lograr. Se puede saber por los árbitros quién tiene la autoridad para intervenir cuando alguien viola una regla. Las animadoras te alientan con entusiasmo y nunca te critican, incluso cuando vayas perdiendo. Tus compañeros de equipo son siempre tu equipo, incluso cuando metes la pata.

La mayoría de los hombres desearían en secreto que toda la vida tuviera ese tipo de claridad, y constantemente somos tentados a escapar de las presiones de la vida real para alejarnos a mundos virtuales como ligas deportivas de fantasía, donde todo parece tener más sentido. Incluso cuando a un hombre no le gusten necesariamente los deportes, por lo general, se verá atraído a pasatiempos o carreras profesionales que tengan una métrica del éxito similar. Ya sea jugar a juegos de video o comprar y vender acciones, hay reglas y métricas claras (o puntos o dólares) para medir el fracaso y el éxito.

Esto no es una justificación de los hombres que abandonan sus responsabilidades en el hogar para emplear enormes cantidades de tiempo en el campo de golf o jugando al fútbol americano de fantasía. Esto no es una excusa para los hombres que consideran el dinero o los logros como la principal medida de éxito, pero es un matiz importante de la mente de un hombre que debería entenderse antes de adentrarnos en el examen de lo que significa realmente la hombría auténtica. La mayoría de los hombres quieren ser un «buen hombre» o un «verdadero hombre», pero vivimos en un mundo que no tiene métricas claras para determinar si estamos en el camino correcto o estamos fallando.

A pesar de nuestra necesidad innata de encontrar estructura y éxito definidos, la mayoría de los hombres e hijos batallan con inseguridades acerca de si están teniendo éxito en la hombría. Algunas veces nuestra obsesión con nuestro trabajo o nuestros pasatiempos no es otra cosa sino una distracción para ocultar las ineptitudes que sentimos con problemas más profundos. No sabemos si estamos teniendo éxito en la hombría, porque nuestra cultura redefine constantemente lo que significa en realidad la hombría. Hemos perdido de vista lo que significa ser un verdadero hombre, o si tal cosa incluso existe.

Sonrío ante la ironía de estar escribiendo un capítulo sobre lo que significa ser un verdadero hombre, porque un diagnóstico reciente de trastorno de tiroides ha causado que mis niveles de testosterona caigan en picado. Incluso con mis niveles normales de testosterona, nunca he sido capaz de que me saliera una barba poblada, y tengo el aspecto de un muchacho de secundaria con una barba a parches cuando lo intento. Puedo contar con una mano el cabello que hay en mi pecho, pero estoy llegando a la edad en la que ahora me crece vello en todo tipo de lugares donde no quiero que esté. Esa probablemente sea más información de la que querías escuchar sobre mi vello corporal.

Por lo tanto, si los niveles de testosterona no son el indicador más preciso de verdadera hombría, entonces ¿qué lo es? Creo que la mayoría de nosotros definimos la hombría (y la feminidad) mediante términos superficiales y poco realistas. Como probablemente hayas observado, nuestro mundo es bastante rápido para juzgar a las personas por su aspecto exterior. Hoy estuve en el primer entrenamiento de béisbol de mi hijo de seis años, y uno de los otros niños estaba haciendo comentarios sobre bateadores que toman turnos para golpear la pelota. Dijo sabiamente: «No se puede decir quién va a ser bueno solamente por su aspecto».

Algunos niños que parecían muy buenos y llevaban puesto todo el equipamiento correcto subían al plato y golpeaban torpemente. Otros niños que eran bajitos o poco intimidantes en su presencia física, podrían estar en el plato y revelar una buena habilidad afilada con muchas horas de práctica en el patio con sus papás.

Me gustaría que nosotros como adultos tuviéramos la sabiduría de aquel niño de seis años para saber que no se puede saber si alguien es bueno solamente por su aspecto. En un mundo que celebra superficialidades e intenta definir a las personas con términos huecos, intento recordarme a mí mismo que la opinión de Dios es la única que realmente cuenta, y 1 Samuel 16.7 nos dice: «La gente juzga por las apariencias, pero el SEÑOR mira el corazón».

La hombría auténtica se trata, sin duda, de mucho más que los niveles de testosterona, altura, aspecto físico, o capacidad atlética. Las personas pueden juzgarte de antemano basándose en tu aspecto, y los análisis de sangre pueden medir tus hormonas, pero no hay ningún análisis de sangre que pueda medir la integridad y el carácter de un hombre. Yo quiero que mis hijos sepan que ser un verdadero hombre se trata de mucho más que bravuconería de macho; se trata de honor y respeto. Los verdaderos hombres respetan a las mujeres, y los verdaderos hombres se respetan también a sí mismos.

Alrededor de nosotros hay, sin duda, grandes hombres, pero también parece haber un vacío creciente creado por hombres que están abandonando sus responsabilidades y dejando a mujeres y niños que se atiendan a sí mismos. En Japón hay un nuevo producto que crea una sombra en movimiento de un hombre sobre las paredes de una casa para proteger a las mujeres que están solas en casa, dándoles a los posibles intrusos la advertencia de que hay un hombre en casa cuidando del lugar.[1] Puede que sea un producto práctico, pero en algunos aspectos también lo considero un triste comentario sobre la vida. La hombría auténtica está siendo sustituida por una mera sombra de lo real, y la ausencia de hombres fuerza a mujeres y niños a tener que conformarse con sombras.

Hay demasiados hombres que están ausentes ya sea física o emocionalmente. El respeto comienza con la presencia. Los hombres deben dejar de huir de la responsabilidad y comenzar a correr hacia ella. Los hombres deben dejar de huir de las dificultades y comenzar a hacerse responsables para resolver las dificultades.

Sin duda, algunos hombres están presentes por las razones equivocadas, y su ausencia podría ser bienvenida. Cuando un hombre entiende mal lo que significa realmente la hombría, hay mucho dolor que se puede infligir a quienes están en su órbita. Cuando veo la falta de respeto generalizada hacia las mujeres y la objetificación sexual de las mujeres en nuestra cultura, estoy convencido de que una de las raíces es que hemos perdido de vista lo que realmente significa la hombría honorable. Hemos creído el mito de que podemos definir el género como nosotros queramos que sea, de modo que una digresión natural de esa lógica errónea significa que también llegamos a definir la hombría según nuestros propios términos.

En el vacío de cualquier absoluto cultural o autoridad moral, muchos muchachos y hombres han creado un sistema de valores no escrito que se basa en los aspectos más primarios de la masculinidad. En lugar de valorar el freno sexual y la monogamia, celebramos la destreza sexual y la promiscuidad de los hombres que pueden seducir indiscriminadamente a incontables mujeres.

En lugar de valorar la humildad, celebramos la arrogancia. Solamente escuchemos las letras de las canciones más populares. Los hombres a los que idolatramos como magnates de la música con frecuencia cantan sobre la objetificación de las mujeres, el menosprecio por la ley o por cualquier autoridad, y una celebración del materialismo vano.

En lugar de servicio, celebramos el ser servidos. Incluso aquellos de nosotros que seguimos a Cristo tendemos a blanquear sus valientes enseñanzas sobre servir a otros, y en cambio medimos nuestra grandeza según cuántas personas nos están sirviendo. Hemos olvidado que cualquiera que no esté dispuesto a abrir una puerta o agarrar una escoba no es apto para tener un micrófono o una posición de liderazgo.

En lugar de valorar la responsabilidad o la madurez, celebramos a los rebeldes que presumen de su falta de responsabilidad ante todos. Ignoramos las voces de sabiduría y entregamos micrófonos a burladores necios que se burlan, maldicen y se enfurecen contra todo y que, sin embargo, nunca llevan a cabo acciones ni hacen sacrificios personales para mejorar las cosas.

Nuestra cultura está enredada en una guerra civil donde una mitad parece estar batallando contra los hombres y la otra mitad parece estar trabajando febrilmente para redefinir la hombría. Ninguno de esos enfoques producirá resultados duraderos. Menospreciar a los varones no producirá mejores resultados, y tampoco lo hará un fútil intento de redefinir la hombría a la luz de nuestros planes e ideas siempre cambiantes sobre corrección política.

No necesitamos una nueva definición de hombría. Necesitamos regresar a una definición atemporal y bíblica de la hombría, y entonces encontrar maneras de ayudar a nuestros hijos a poner en práctica esa marca de hombría auténtica en nuestra cultura moderna. Cuando veo las noticias o Netflix, fácilmente puedo llegar a estar confuso por lo que se supone que ha de ser la hombría, pero cuando leo la Biblia todo queda muy claro.

Con esa claridad como nuestra meta, pasemos el resto de este capítulo identificando claramente algunas piedras angulares de la hombría que se bosquejan en la Biblia, y después hablaremos de cómo podemos ayudar a nuestros hijos a aspirar a esas características en sus propias vidas.

7 LECCIONES QUE CONVIERTEN EN HOMBRE A UN NIÑO

Quiero que mis hijos tengan una comprensión de las emociones de las personas, sus inseguridades, angustias de la gente, sus esperanzas y sueños.

—PRINCESA DIANA

Ya que Dios me ha confiado la tarea sagrada de criar a cuatro niños para que lleguen a la hombría noble, ¡quiero asegurarme de estar enseñándoles las lecciones adecuadas! Se están criando en un mundo donde la hombría ha sido redefinida, y buenos ejemplos a seguir son difíciles de encontrar. Quiero que mis hijos sepan que no son automáticamente un hombre solamente porque comiencen a afeitarse o lleguen a su cumpleaños número dieciocho. La hombría se trata de mucho más que el cabello y la edad. Ashley y yo queremos ayudar a nuestros hijos a que marquen el viaje hacia la hombría con algunos momentos trascendentales que podamos compartir juntos.

En nuestra familia hemos creado ritos de pasaje cuando nuestros hijos entran en la adolescencia. Inspirados por la política familiar del autor Bob Goff de llevar a los niños a peregrinajes de aventura cuando tienen diez años, nosotros hemos instituido algo parecido. El año en que cada uno de nuestros hijos cumple los diez, pueden escoger cualquier lugar en Estados Unidos y hacer un viaje allí con su mamá. El año en que cumplen los doce, van a un viaje misionero al orfanato Casa Shalom en Guatemala.

El año en que nuestros hijos cumplen los trece años planeamos algo muy especial. El trece es la edad que algunas culturas reconocen como edad adulta, incluida la cultura judía, cuando los muchachos tienen una elaborada celebración de Bar-Mitzvah. En nuestra familia, el año en que los hijos cumplen los trece van a un viaje internacional conmigo a cualquier lugar que ellos escojan. Mi hijo mayor, Cooper, escogió Londres (Inglaterra), e iremos allí esta misma semana. ¡Ambos hemos estado esperando con ilusión este viaje por años!

A medida que los hijos van creciendo, plantearemos otros ritos de pasaje para celebrar momentos importantes. Estos eventos no tienen que ser los mismos en cada familia, pero recomiendo encarecidamente crear un plan intencional para tu propia familia. Celebren esos momentos, y asegúrense de estar creando profundos hitos y recuerdos con sus hijos. Podría ser necesario algún presupuesto y planificación, pero prometo que vale la pena. Todas las fotografías favoritas de nuestra familia y las historias favoritas que contamos provienen de nuestras aventuras compartidas. Estas aventuras son también una oportunidad que tenemos de volver a enseñar lecciones sobre fe, familia, respeto, y lo que realmente significa ser un hombre.

Como hemos mencionado ya, las ideas modernas sobre masculinidad son una mezcla de ejemplos a seguir poco realistas o incluso destructivos. La cultura hip-hop presenta con frecuencia al hombre como impío, materialista y mujeriego, sin respeto alguno por la autoridad. Esto es particularmente dañino para las audiencias en entornos donde los papás están en gran parte ausentes. Esos muchachos buscan modelos a seguir y, tristemente, cuando no tienen uno en el hogar, los que están en la radio y la televisión llenan con frecuencia ese vacío.

Los principales medios de comunicación dibujan la imagen de la hombría ideal de maneras drásticamente diferentes. Se le dice al hombre que rechace su masculinidad y adopte una visión de dinámicas de familia moderna, donde prácticamente no existe distinción alguna entre hombres y mujeres aparte de los genitales, y al minuto siguiente se les dice a los hombres que «sean hombres», lo cual puede significar cualquier cosa desde comer más carne roja y levantar pesas, hasta trabajar más horas para proveer para el sueño americano de la familia.

Con tantos mensajes contradictorios y muy pocos medios saludables para expresar la hombría genuina, muchos muchachos escapan a su «cueva masculina» o a su mundo cibernético de juegos de video, pornografía, o fútbol de fantasía. Yo no quiero eso para mis hijos. Quiero que ellos sean los hombres valientes que Dios creó que fueran, y no solo en un mundo de fantasía. No quiero criarlos con una idea de la hombría que esté basada en mis propias opiniones o incluso en las opiniones cambiantes de la cultura. Quiero que ellos aprendan las verdades de la hombría de Aquel que creó a los hombres en el principio.

Por lo tanto, ¿cómo define la Escritura la hombría genuina? Para ayudarnos a obtener claridad y establecer un fundamento compartido, daré la definición que he derivado de mi estudio sobre este tema. Es una definición a la que aspiro diariamente, y que intento modelar para mis hijos cuando les enseño a hacer lo mismo.

> Un hombre genuino es quien pelea con valentía por lo que es correcto, busca responsabilidad de modo desprendido, trabaja duro para sostenerse a sí mismo y a otros, practica la autodisciplina, respeta a las mujeres y respeta a otros hombres, vive con integridad, y confía en Dios como su Padre amoroso y su autoridad final en todas las cosas.

Cada aspecto de esta definición es importante, pero tendrá más sentido si los diseccionamos y examinamos principio a principio. Vamos a dividir esta definición en siete verdades atemporales de la Palabra de Dios acerca de las obligaciones de un hombre, que tienen aplicación universal a todos los hombres en todas las culturas. Son principios que yo espero enseñar y modelar para mis hijos.

1. Tiene la valentía de pelear por lo correcto.

Ser un hombre no significa que haya que ir por ahí dando puñetazos a la gente como si fuéramos el campeón en una pelea, pero sí significa que debemos tener la valentía de defender lo que es correcto. De dar voz a los indefensos. De defender a los débiles. De luchar por la justicia para los oprimidos. De pelear por tu familia.

«¡No les tengan miedo! Acuérdense del Señor, que es grande y temible, y peleen por sus hermanos, por sus hijos e hijas, y por sus esposas y sus hogares» (Nehemías 4.14, NVI).

2. Busca responsabilidad en lugar de huir de ella.
Los hijos huyen de la responsabilidad; los hombres corren hacia la responsabilidad. Si eres un hombre adulto que vive en el sótano de la casa de tus padres y salta constantemente entre diferentes mujeres y empleos sin salida, no eres un hombre. Eres un niño con barba. Madura.

«El hijo sabio es la alegría de su padre; el hijo necio es el pesar de su madre» (Proverbios 10.1, NVI)

3. Trabaja duro en lo que hace, y cuando tiene una familia, trabaja duro para sostenerla.
Tu esposa y tus hijos deberían saber que tú estarías dispuesto a pasar hambre para asegurarte de que ellos estén alimentados. No es tarea del gobierno alimentar a tu familia. Es *tu* tarea. No hay vergüenza alguna en pedir ayuda cuando lo necesites, pero también deberías estar dispuesto a trabajar duro para ser el sustentador.

«Los que no están dispuestos a trabajar que tampoco coman» (2 Tesalonicenses 3.10)

4. *Muestra paciencia y freno. No es gobernado por su temperamento o sus tentaciones.*

Recordemos que una de las mayores distinciones bíblicas entre una persona sabia y una necia es la capacidad de poner límites y no ser controlados por nuestro temperamento o nuestra necesidad de gratificación instantánea. Las emociones son una herramienta dada por Dios, y hay maneras saludables e importantes de expresarlas, pero no seas gobernado por ellas. Si no aprendes a dominar tu enojo y tus emociones, entonces tu enojo y tus emociones te dominarán a ti.

«Los necios dan rienda suelta a su enojo, pero los sabios calladamente lo controlan» (Proverbios 29.11).

5. *Respeta a su esposa antes de conocerla evitando el pecado sexual. Respeta a su esposa después de estar casado manteniéndose fiel, respetuoso y amoroso en toda circunstancia.*

En muchos aspectos, tu vida y tu legado quedarán definidos por cómo amas a tu esposa. Respeta a todas las mujeres, pero sobre todo respeta a tu esposa. Ella se merece lo mejor de ti y no lo que queda después de que hayas dado lo mejor de ti a todo y a todos los demás. Muéstrale que estarías dispuesto a poner tu vida por ella. Cuando te conviertes en esposo y padre, muestra a tus hijos lo que significa amar y respetar a una esposa, porque ellos están aprendiendo lo que significa el matrimonio al observarte a ti.

«Esposos, amen a sus esposas, así como Cristo amó
a la iglesia y se entregó por ella» (Efesios 5.25, NVI).

6. Cumple su palabra y honra sus compromisos.

Cumple con tus compromisos. Esta es la esencia de la
hombría. Paga tus deudas, cumple tu palabra, y di siempre
la verdad. Cuando metas la pata, admítelo y busca perdón. Sé
un hombre de integridad, lo cual significa simplemente ser
honesto, fiable, y la misma persona en público y en privado.
No tomes tus decisiones basándote en tus sentimientos; toma
tus decisiones basándote en tus compromisos.

«Que cumple lo prometido aunque salga perjudicado»
(Salmos 15.4, NVI).

7. Confía en Dios. Deja que su Palabra sea el mapa de ruta de su vida.

Dios te creó, y su plan para tu vida es el único plan que
cuenta. No seas tan orgulloso de intentar hacerlo por ti mismo.
La vida ha de ser vivida en una relación con tu Creador. Si ca-
minas con él, ¡siempre serás guiado en la dirección correcta! Si
tus sentimientos alguna vez están en conflicto con lo que está
escrito en la Biblia, entonces tus sentimientos están equivocados. La Biblia nunca te llevará por la dirección equivocada.
Mientras más aprendas de la Palabra de Dios y confíes en la
Palabra de Dios, más moldeará el Espíritu Santo tu carácter,
haciéndote cada vez más semejante a Jesús.

«Confía en el Señor con todo tu corazón; no dependas de tu propio entendimiento. Busca su voluntad en todo lo que hagas, y él te mostrará cuál camino tomar» (Proverbios 3.5-6).

Sería bueno memorizar con tu hijo los siete pasajes de la Escritura enumerados. Plantar la Palabra de Dios en tu mente y tu corazón proporciona una brújula para tu carácter. La Biblia también dice: «He guardado tu palabra en mi corazón, para no pecar contra ti (Salmos 119.11).

CUANDO SIENTAS QUE ESTÁS FALLANDO COMO PADRE, RECUERDA ESTO...

Quizá estás leyendo todo esto y en lugar de encontrar ánimo en estas palabras, te sientes culpable. Tienes la sensación de que has metido la pata y de algún modo ya has arruinado a tus hijos más allá de toda reparación. En la lista anterior ves una indicación de tus propios errores en cuanto a las maneras en que los hombres no están a la altura. Quizá lees estas palabras y eres una mamá, y te sientes culpable debido a errores que has cometido o errores que has permitido que tu esposo cometa (o por la falta de una figura paterna en la vida de tu hijo). Tal vez te veas tentado a dejar a un lado este libro, servirte un gran vaso de vino, y resignarte al hecho de que nunca vas a ser un buen padre o madre.

Todos nos hemos sentido así a veces. Por favor, no permitas que el desaliento evite que avances. Ser padre o madre es probablemente lo más difícil, pero también es la tarea más satisfactoria del planeta. Es una obligación sagrada, un empleo las 24 horas, una responsabilidad potencialmente aterradora, y un trabajo que define un legado. Con todas las presiones que conlleva una tarea tan grande, nosotros como padres y madres tendemos a flagelarnos con demasiada facilidad por nuestras meteduras de pata. Aquí hay un poco de perspectiva que me ha ayudado en los días en que me siento un fracaso como padre, lo cual sucede casi diariamente.

Cuando tengas la sensación de estar fallando, considera que los padres terrenales de Jesús lo perdieron durante tres días mientras estaban de viaje por carretera. ¡Durante el primer día ni siquiera se dieron cuenta de que estaba perdido! De veras. Puedes leer la historia en la Biblia. Nosotros ponemos el nombre de José y María a estatuas y catedrales, ¡pero tú te sientes culpable cuando pierdes a tu hijo en el supermercado durante diez minutos! Concédete a ti mismo algo de gracia.

Como padres, tendemos a adueñarnos demasiado del crédito cuando nuestros hijos hacen algo correctamente, y también nos adueñamos demasiado de la culpa cuando nuestros hijos hacen algo equivocado. He conocido muchas personas que pensaban que eran unos padres increíbles porque su primer hijo era por naturaleza una persona que «agradaba» y con una personalidad más dócil y flexible. Juzgaban a otros padres que tenían hijos traviesos, ¡hasta que ellos mismos tuvieron un hijo de voluntad terca! La conducta de nuestros hijos, ya sea positiva o negativa, no siempre es el resultado de nuestra educación. Si no me crees, considera el hecho de que Dios es un Padre perfecto, y sin embargo sus hijos (nosotros) tomamos malas decisiones cada día.

Cada niño es único. Es nuestra responsabilidad sagrada amar, equipar, alentar, disciplinar y guiar a cada uno hacia una edad madura responsable. No es nuestra tarea criar niños buenos; nuestra tarea es criar adultos responsables e invertir en nuestra relación con ellos para que sigan queriendo vernos cuando sean adultos y ya no tengan que hacerlo. Esto no significa que ser el colega de un hijo o su «BBF» (mejor amigo, por sus siglas en inglés) sea más importante que ser su papá o su mamá. Significa simplemente que, para citar al doctor James Dobson: «Reglas sin relaciones conducen a la rebelión».

Sigue aprendiendo, creciendo y esforzándote como padre, porque el trabajo más importante que harás estará dentro de las paredes de tu propio hogar. Celebra los momentos hermosos a lo largo del camino, y en los días en que sientas que has fracasado como padre o madre, concédete cierta gracia. Tus padres estaban lejos de ser perfectos, ¡y aún así tú resultaste ser increíble!

> EL TRABAJO MÁS IMPORTANTE QUE HARÁS ESTARÁ DENTRO DE LAS PAREDES DE TU PROPIO HOGAR.

Por lo tanto, armados con un nuevo aliento y perspectiva, ¿cómo trazamos un rumbo para nuestros hijos? ¿Cómo les ayudamos a vencer sus errores del pasado y también nuestros propios errores? Los capítulos siguientes se enfocarán en maneras de ayudar a nuestros hijos a convertirse en los hombres de honor e integridad que Dios creó que fueran. Como padre o madre, tienes mucha más influencia en su vida de la que podrías pensar. Estás ayudando a dar forma al hombre en el que él se convertirá algún día.

En palabras de las mujeres

«El hombre más fuerte que he conocido fue mi papá. Él fue herido en Vietnam y estuvo discapacitado permanentemente. Él me mostró que la verdadera fuerza de un hombre no viene del tamaño de sus músculos, sino del tamaño de su compromiso con su fe y su familia. Quiero que mis propios hijos tengan el carácter y la valentía de su abuelo cuando sean mayores».

—MYRA O. (44 AÑOS)

«Un verdadero hombre respeta a las mujeres. Un hombre malo usa a las mujeres. Realmente es así de sencillo».

—KIM Y. (51 AÑOS)

«Los muchachos en mi escuela de secundaria pueden ser muy groseros, pero también pueden ser amables. Me gusta la amistad con los chicos, porque son menos dramáticos que los grupos de chicas, pero algunas veces mis amigos varones dirán cosas que me hacen sentir realmente incómoda»

—ABBY A. (13 AÑOS)

«¡¡Nosotros somos cinco!! Una mujer y cuatro hombres (no es justo, ja, ja). Me siento poco respetada cuando nadie me espera. Cuando comienzan a caminar y yo soy la última. También cuando vamos al cine y ellos solamente quieren ver

películas de superhéroes y a nadie le importa cuál quiero ver yo. Me siento respetada cuando me abren la puerta y me esperan. Cuando ellos ven una película que a mí me gusta y siento que se interesan».

—PERLA R. (39 AÑOS)

CAPÍTULO 5

LA CRUDA VERDAD SOBRE EL SEXO

¡Huyan del pecado sexual! Ningún otro pecado afecta tanto el cuerpo como este, porque la inmoralidad sexual es un pecado contra el propio cuerpo.

—1 CORINTIOS 6.18

Hace un par de años atrás mi hijo mayor, Cooper, entraba en la adolescencia y era el momento de tener una charla seria sobre sexo. Ashley y yo siempre hemos sido abiertos con los muchachos, intentando apartar el asombro y el escándalo de las conversaciones sobre sexo. De maneras adecuadas para su edad, intentamos mantener un diálogo abierto sobre los cuerpos que cambian, las hormonas que cambian, los mensajes mezclados sobre sexo en la cultura, y el plan de Dios para el sexo en la Escritura. Queremos ser el primer lugar donde acudan nuestros hijos cuando tengan preguntas sobre sexo, en lugar de comenzar en Google o con amigos en el autobús escolar.

Todas aquellas pequeñas conversaciones a lo largo del camino finalmente culminaron en la más grande de todas las charlas sobre sexo. No estaba seguro de estar preparado o de si él estaba preparado, pero ya lo había pospuesto lo suficiente. Obtuve algún respaldo en forma de pedir el CD titulado «Pasaporte a la pureza» de FamilyLife Today.[1] Como endoso rápido y no solicitado te diré que esos CD fueron un recurso excelente, y los recomiendo encarecidamente a cualquier padre o madre que quiera tener un diálogo sano sobre sexo con sus hijos.

Cooper y yo comenzamos nuestro viaje masculino de dos días y, con las palmas de las manos sudorosas y el corazón acelerado, puse el primer CD. Yo ya le había advertido de que hablaríamos sobre sexo en los días siguientes, y él lo temía incluso más que yo. Intenté mantenerme animado, pero creo que él podía sentir que yo estaba nervioso. Me sentía como un muchacho torpe de secundaria cuando comenzó a sonar aquel primer CD.

Intenté mantener la mirada directamente en la carretera por tanto tiempo como pude, y Cooper hizo lo mismo. Creo que fue el tiempo máximo que ninguno de nosotros había pasado jamás de no establecer contacto visual con alguien. Finalmente llegamos al primer receso en el CD, cuando se suponía que pasaríamos tiempo dialogando sobre lo que acabábamos de escuchar. Yo reuní cierto entusiasmo forzado y dije: «Oye, amigo, ¿qué pensaste sobre eso? Mucha información buena, ¿no?».

Cuando me giré para ver su respuesta, él tenía la cabeza enterrada entre sus rodillas con las manos sobre ella. Tenía la postura de alguien que estaba vomitando en un avión. Esperé un momento para asegurarme de que no estuviera vomitando de veras; entonces esperé otro momento para asegurarme de que yo no iba a vomitar. Ninguno de los dos vomitó.

Los dos recuperamos la compostura, nos reímos por ese momento incómodo, y nos lanzamos a conversaciones significativas sobre el plan perfecto de Dios para el regalo del sexo y cómo ese plan ha sido secuestrado, usado mal y redefinido por una cultura que busca significado y placer apartada de Dios. Dialogamos sobre la alegría del sexo cuando se expresa dentro de un matrimonio saludable, y de las secuelas negativas del sexo cuando se usa de modo casual.

Hablamos de que el sexo debería estar siempre arraigado en el respeto. Cuando decidimos utilizar mal el sexo, nos estamos faltando el respeto a nosotros mismos, faltamos el respeto a nuestras parejas sexuales, y faltamos el respeto al Dios que creó el sexo y nos creó a su imagen. Todos resultan heridos como resultado. Cuando el respeto por las leyes de Dios, el respeto por nuestros propios cuerpos y el respeto por las hijas de Dios están en la primera línea de nuestro pensamiento, ya no nos preguntaremos: «¿Hasta dónde puedo llegar sin meterme en problemas?». En cambio, nos preguntaremos: «¿Cómo puedo mostrar más respeto a mi Creador y a las mujeres que Él creó a su imagen?». Si adoptamos ese enfoque, podremos disfrutar del estándar para la sexualidad que dio el apóstol Pablo a todos los cristianos cuando dijo: «Entre ustedes ni siquiera debe mencionarse la inmoralidad sexual» (Efesios 5.3, NVI).

Yo quiero que mis hijos adopten las normas sexuales de la Biblia, que se resumen de forma concisa en el libro *La batalla de todo hombre* con esta profunda promesa de pureza: «La pureza sexual no recibe ninguna gratificación sexual de nada ni nadie aparte de tu cónyuge».[2]

Esa es una norma elevada, pero es la norma correcta. Si enseñamos a nuestros hijos a seguirla, les evitará mucho dolor innecesario en sus propias vidas y en las vidas de las chicas jóvenes con las que tengan citas antes del matrimonio. Yo quiero que este deseo de pureza sexual se apropie de los corazones de mis hijos y se convierta en mucho más que una regla a seguir. Quiero que ellos vean la pureza sexual como un estilo de vida de honor.

No quiero que mis hijos intenten mantener la pureza sexual debido a alguna forma errónea de legalismo por la que intenten ganarse el favor de Dios. El legalismo está enfocado en quebrantar las normas de Dios, pero la fe verdadera está mucho más interesada en quebrantar el corazón de Dios y quebrantar los corazones de aquellos que serían dañados por nuestro pecado. El plan redentor de Dios está arraigado siempre en las relaciones sanas, y si estamos usando mal el sexo, estamos desatando un gran destructor de las relaciones sanas. Deberíamos tomar cada decisión, incluidas las decisiones sobre sexo, a la luz de lo que fomentará la salud relacional y la sanidad ante Dios y ante los demás.

Cuando miramos nuestra cultura actual, dondequiera que miremos hay ejemplos de personas que utilizan mal el regalo del sexo. La idea de que el sexo ha sido creado para un compromiso monógamo para toda la vida entre un esposo y una esposa, se trata con desprecio como un enfoque arcaico y fuera de lugar. Bajo el disfraz de iluminación y progreso, hemos definido el sexo según nuestros propios términos y después hemos ignorado las consecuencias obvias que ha creado nuestra rebelión sexual.

Quiero compartir un ejemplo de la historia acerca de un grupo de personas con buenas ideas y buenos motivos que erraron totalmente el blanco cuando se trató de sexo. Al errar el blanco sobre sexo, su movimiento murió por completo. En lugar de errar en el extremo moderno de la promiscuidad, cometieron el error de defender la castidad hasta el punto de creer que todo sexo era erróneo.

CUANDO «SEXO» SE CONVIERTE EN UNA PALABRA SUCIA

«Me gustaría que mis padres hablaran conmigo sobre sexo. Me refiero a que estoy seguro de que al principio me asquearía escuchar a cualquiera de ellos pronunciar la palabra, pero oigo muchas cosas distintas en la escuela sobre el tema, y veo pornografía principalmente como herramienta educativa para que si alguna vez salgo con una chica sepa realmente lo que debo hacer. Siempre que se menciona el sexo en mi casa, en televisión o en cualquier otra cosa, mis padres hacen algún comentario sobre que eso es "sucio" y que no deberíamos hablar de cosas como esa. Supongo que eso significa que debo descubrirlo por mí mismo».

—BILLY A. (15 AÑOS)

En el corazón de la idílica región de Bluegrass, en el centro de Kentucky, ubicada en medio de inmensos campos y granjas de caballos pintorescas, encontraremos un asentamiento de casas que se parece a un decorado de película que capta la vida de una pequeña ciudad en el siglo XIX. Me encuentro a mí mismo tarareando el tema central de la serie *La casa de la pradera* cada vez que estoy allí. Esta colección de edificios muy bien conservados y de siglos de antigüedad se llama Shaker Village of Pleasant Hill. Es conocido para los lugareños simplemente como Shakertown.

Al haberme criado en el centro de Kentucky, estaba rodeado por bellezas naturales y granjas de caballos, pero no había una abundancia de emocionantes destinos turísticos, de modo que Shakertown se destacaba como algo de novela. Casi cada año de mi niñez, nuestras escuelas públicas hacían un viaje para verlo y aprender la historia de este grupo único y misterioso conocido como los Shakers (los Temblorosos).

Los Shakers eran pioneros en igualdad de género y en crear una comunidad igualitaria donde hombres y mujeres compartían las responsabilidades del liderazgo sin ningún estigma ni limitaciones que definieran lo que una niña podía llegar a ser. Hace siglos, sus ideas eran radicales y revolucionarias.

Hay mucho que aplaudir en los Shakers. Su ética de trabajo y su destreza no tenían paralelismo. Ellos consideraban su trabajo una forma de adoración y lo hacían para la gloria de Dios. Este compromiso a la excelencia probablemente sea la razón por la cual sus edificios e incluso gran parte de sus muebles siguen perdurando siglos después de ser construidos.

También podemos elogiar su deseo de poner en práctica su fe cristiana como una comunidad de igualdad. Decidieron ver un valor inherente en cada persona y reconocían a todas las personas, hombres y mujeres, como de igual valor y coherederos como hijos e hijas en el reino de Dios. De ese modo, su estilo de vida era una diminuta vislumbre del cielo.

Por todos los muchos atributos positivos que podemos ver en los Shakers, también había algunos aspectos muy inquietantes de su sistema de creencias. Aunque defendían el valor y la igualdad de las mujeres en una época en la que muy pocos compartían esos sentimientos, no valoraban el matrimonio. Sin tener una perspectiva sana del matrimonio, saboteaban sus perspectivas en otros aspectos saludables del respeto hacia las mujeres.

Cuando una pareja casada decidía unirse a los Shakers, tenía que entrar en la comunidad como un hermano y hermana en Cristo y como un hermano y hermana de todos los demás en la aldea. Ya no se les permitía operar como pareja casada. Los Shakers requerían una separación estricta entre hombres y mujeres. Aunque hombres y mujeres compartían el liderazgo y eran tratados con igualdad, también eran tratados por separado.

Hombres y mujeres vivían en edificios separados. Comían en mesas separadas. Adoraban en lados separados del santuario. Tenían incluso puertas separadas para entrar y salir. Tampoco creían en el sexo. Mi papá siempre bromeaba con que esa era la razón de que siempre estuvieran temblando: ¡frustración sexual!

Los Shakers buscaban la igualdad mediante la separación. En esto erraban el blanco, porque la verdadera igualdad solamente puede existir dentro del contexto de las relaciones saludables. Nunca podremos encontrar verdadera igualdad apartada de las relaciones, porque son el propósito de la vida.

Podemos admirar a alguien sin conocer a esa persona o relacionarnos con ella. Yo admiro a muchas personas famosas a las que nunca he conocido, pero respeto y amor son cosas diferentes. El respeto y el amor no pueden existir apartados de las relaciones. No son conceptos abstractos, sino expresiones en la vida real de nuestras almas que solamente pueden darse y recibirse por parte de personas en la vida real de manera concreta.

> NUNCA PODREMOS ENCONTRAR VERDADERA IGUALDAD APARTADA DE LAS RELACIONES.

Yo quiero que mis hijos crezcan con un amor sincero y respeto por las chicas y las mujeres que hay en sus vidas. Este tipo de amor y respeto no se produce solamente mediante creencias saludables; siempre requiere relaciones saludables.

Probablemente no sea una sorpresa para ti que el movimiento de los Shakers haya muerto, y que lo único que permanece son los restos de sus edificios y muebles hechos a mano, y niños en edad escolar que hacen viajes aprendiendo sobre su extraño modo de vida. Resulta que el celibato forzado no es una herramienta de reclutamiento estupenda, y tampoco hace nada para crear futuras generaciones mediante tener hijos. Aún así, sigue siendo un hermoso lugar para visitar si alguna vez estás en el centro de Kentucky.

Yo quiero ser parte de un movimiento que comparta la visión de los Shakers de igualdad de género, pero encuentre maneras de poner en práctica esa visión en las relaciones en lugar de hacerlo en la segregación. Por lo que se refiere a la educación de mis hijos, quiero que vean que el verdadero respeto hacia las mujeres debe existir en relaciones sanas con las mujeres. En la escuela, en el lugar de trabajo, en las amistades y finalmente en el matrimonio, el respeto por las mujeres no sucede desde la distancia; sucede en las relaciones.

También quiero que sepan que cuando evitamos hablar de sexo, nadie gana. En el vacío que crea nuestro silencio, las personas son tentadas a demonizar el sexo y perderse la belleza del sexo dada por Dios en el matrimonio, o pueden pasar al otro extremo y vivir una vida de promiscuidad. El sexo es un regalo poderoso, y cuando se utiliza mal puede crear un gran dolor y falta de respeto. Pero cuando se disfruta en el contexto correcto, es uno de los mayores regalos que Dios nos ha dado.

SEXO EN EL CAMPUS

Sexo y respeto están unidos fuertemente. Una perspectiva errónea del sexo o una búsqueda hedonista de sexo puede causar inmensurable dolor, lamento y equipaje relacional. Cuando no formamos a nuestros hijos e hijas para que vean lo sagrado de la sexualidad con los lentes de las normas de Dios, puede que estén más en riesgo de sabotear sus futuras relaciones. Cuando los padres permanecen en silencio sobre estos temas, los hijos llegan a la universidad vulnerables a la tentación y a formas imprudentes de experimentación sexual. Estas escapadas sexuales no pueden descartarse casualmente como un rito de pasaje de «jugar con chicas». No, estos tropiezos sexuales irrespetuosos pueden crear algunas de las cicatrices más dolorosas que podamos imaginar.

No muy lejos de Shakertown, en un curso de posgrado de Estudios de Comunicación en el campus de la Universidad de Kentucky, recuerdo estar sentado en un círculo con otros estudiantes de posgrado escuchando con asombro los nuevos descubrimientos de la investigación de nuestro profesor. El doctor Alan D. DeSantis era uno de los educadores más talentosos, entretenidos y eclécticos que yo he conocido jamás. También era consejero para algunas de las fraternidades y hermandades en el campus, y aprovechaba su conocimiento de la vida griega, al haber sido él mismo parte de una fraternidad y ahora consejero, para hacer un análisis en profundidad de los roles de género y las conductas sexuales de los alumnos universitarios modernos en fraternidades y hermandades. Su investigación abrió mis ojos a la difundida cultura de falta de respeto basado en el sexo que se produce en los campus universitarios.

Él comenzó la discusión explicando que siempre ha habido un largo historial en las fraternidades de organizar eventos, con frecuencia bajo el disfraz de eventos sociales o para recaudar fondos, con el objetivo principal de convencer a chicas jóvenes para que hicieran cosas. En otras palabras, los muchachos de la fraternidad se sentían con derecho a faltar el respeto a aquellas jóvenes, todo ello en el nombre de la diversión y el entretenimiento. Esa expectativa hacia las chicas basada en el desempeño, a menudo también traspasaba líneas para convertirse en expectativas de desempeño sexual. Más adelante resumió todos esos descubrimientos en un estudio pionero en un libro titulado *Inside Greek U.: Fraternities, Sororities, and the Pursuit of Pleasure, Power, and Prestige* [Dentro de universidades griegas: fraternidades, hermandades y la búsqueda del placer, el poder y el prestigio].[3]

De todos los descubrimientos que produjo su investigación de varios años, ninguno fue más inquietante que el clima sexual en el campus y, concretamente, la objetificación sexual de las mujeres. Los muchachos universitarios parecían contentos de desempeñar el rol de feministas, y entonces, bajo el disfraz de empoderamiento de la mujer, esos muchachos servían bebidas fuertes, creaban atmósferas festivas, y hacían todo lo posible por meterse en la cama con tantas chicas como pudieran.

Incluso cuando no tenía lugar el acto sexual, los chicos llegaban a ser expertos en el arte de la coerción convenciendo a las jóvenes para que realizaran otros actos sexuales, como sexo oral y sexo anal. Estos hombres utilizaban el cuerpo de la mujer para su propia gratificación sexual, mientras que al mismo tiempo elogiaban a las jóvenes por su castidad, clase, y «virginidad técnica».

Estos descubrimientos sobre el status quo sexual en los campus universitarios son incluso más inquietantes cuando se combinan con las estadísticas que repasamos anteriormente y que dicen que una de cada cinco mujeres son víctimas de acoso sexual y que el treinta por ciento de los hombres en edad universitaria confesaron que estarían dispuestos a cometer violaciones si supieran que podrían salir indemnes. Los resultados de la investigación del doctor DeSantis también estaban en línea con comentarios que escuché mientras estudiaba y enseñaba en varias diversidades. Aquellas ocasiones desenterraron afirmaciones inquietantes como las siguientes:

«Mientras más elegante es una chica en público, más quiere ser tratada como una prostituta en la cama. Todo es un juego. Yo trato a las chicas elegantes como prostitutas y trato a las prostitutas como chicas elegantes. Eso hace que bajen la guardia, y terminan haciendo lo que yo quiera que hagan en la cama».

—CHASE E. (21 AÑOS)

«La mayoría de las chicas no quieren decir realmente "no" cuando lo dicen. La rutina difícil de entender es parte de la seducción. Actúan como si no quisieran, solamente porque saben que enciende a un chico si la chica parece ser un reto. Ambos quieren hacerlo: ellas quieren sexo tanto como lo quieren los chicos, pero también quieren ser vistas como recatadas o algo parecido. Las chicas quieren sexo incluso si dicen que no quieren».

—JAKE K. (20 AÑOS)

Afirmaciones como las anteriores deberían ser aterradoras para los padres y madres de chicas y también los padres y madres de chicos. Incluso con toda la atención política y normas dirigidas a estos temas en los campus universitarios, los problemas persisten, porque es necesario algo más que cambios de política para establecer una diferencia. Se necesita un cambio del corazón.

Recientemente estuve en un campus universitario y vi a una joven que llevaba una camiseta con el eslogan «¿Con consentimiento?». Se ha convertido en una campaña popular en los campus intentar cambiar la marea del acoso sexual y la agresión sexual no deseada hacia las mujeres. El mismo día, un chico con un sentido del humor enfermizo e inadecuado llevaba puesta otra popular camiseta de una fraternidad con un eslogan que parecía ser una contestación inapropiada, misógina y errónea a la campaña «¿Con consentimiento?». Su camiseta decía: «No significa sí. ¡Sí significa anal!».

Para todos ustedes, padres y madres de niños que leen estas palabras, prometo que no intento aterrarlos con estos extremos de quebranto sexual en nuestros campus universitarios. No intento convencerles de que hagan escuela en casa con sus hijos hasta que tengan treinta años. Entiendo el instinto que tenemos de proteger a nuestros hijos, pero también necesitamos prepararlos para que practiquen su fe y sus valores en un mundo quebrantado.

La buena noticia es que hay muchos chicos y chicas jóvenes en universidades cristianas y también seculares que viven con respeto mutuo, con pureza sexual y con integridad. Hay muchos cuyos testimonios nunca incluirán los capítulos oscuros que resultan de las concesiones sexuales. Hay chicos y chicas buenas ahí fuera, y entre quienes han hecho concesiones o han caído en un ciclo de pecado sexual, la gracia siempre es mayor que nuestro mayor pecado. Esas malas decisiones no tienen por qué definir el futuro de nadie.

Aquí está la mejor noticia de todas: tus hijos pueden estar entre aquellos que crecen y toman decisiones sabias relacionadas con el sexo. Tus hijos pueden dejar la relativa seguridad de tu hogar y aventurarse a salir al mundo como jóvenes adultos equipados para manejar las tentaciones y trampas que tan fácilmente pueden atrapar a quienes no están preparados. Tus hijos pueden ir por buen camino, pero comienza contigo y con tener la valentía de mantener conversaciones saludables sobre sexo.

No es tarea nuestra aterrar a nuestros hijos en cuanto al sexo. No es tarea nuestra mantener a nuestros hijos encerrados en una realidad artificial en la que no existe el sexo. No es nuestra tarea mudarnos a Shakertown y convertirnos a una religión donde nunca se habla de sexo ni se presenta como una opción. No es tarea nuestra terminar la conversación en el momento en que nuestros hijos tienen el conocimiento biológico básico de las funciones de procreación de un pene y una vagina.

Debemos tener la valentía para conducir conversaciones sanas sobre sexo. Nuestras conversaciones no pueden fijarse solamente en genitales y enfermedades de transmisión sexual. No hay condón que pueda proteger el alma. Debemos dialogar sobre la unión y la conexión espiritual que Dios quiso que hubiera cuando creó el hermoso regalo del sexo. Debemos dialogar sobre los gozos exorbitantes del sexo cuando se disfruta en un matrimonio monógamo, pero también debemos dar advertencias aleccionadoras sobre las trampas del sexo cuando se utiliza en contextos inapropiados. Debemos estar dispuestos a entrar en el campo de minas de enseñar lecciones de nuestro propio pasado sexual y nuestras posibles malas decisiones. Si no lo hacemos, en el vacío creado por nuestro silencio nuestros hijos siempre obtendrán los mensajes equivocados.

DESNUDOS Y SIN VERGÜENZA

Hay demasiados padres, madres, iglesias y educadores que han enseñado un mensaje incierto y dañino sobre el sexo. En un intento de evitar que los niños se involucren en una exploración sexual arriesgada y temprana, el sexo en sí es demonizado en nuestras conversaciones. A lo largo de este libro (particularmente en los capítulos sobre masturbación y pornografía) compartiré con detalles bastante explícitos los peligros del mal uso del sexo, pero evitar lo malo es solo la mitad de la discusión; y yo argumentaría que es la mitad menos importante. Cuando las personas capten una vislumbre del plan perfecto de Dios para el sexo, la búsqueda de sus mejores regalos hará que las falsificaciones del pecado sexual parezcan poco atractivas en comparación.

Un estilo de vida promiscuo sin duda debería evitarse a toda costa, pero en nuestro intento piadoso por evitar la promiscuidad hemos tirado las frutas frescas con las podridas y hemos adoptado una condenación parecida a la de los Shakers de todo tipo de sexo. Como padres y madres, debemos enseñar a nuestros hijos sobre sexo de una manera sana y comenzar las conversaciones enfocándonos en lo positivo. Necesitamos dejar de hacer que la palabra *sexo* sea una palabra sucia. A veces lo hacemos de modo subconsciente. Cuando vemos una imagen inquietante pasar por la pantalla del televisor, en lugar de tomar el tiempo para explicar por qué esa es una muestra inadecuada de sexualidad y que convertir a otros en objetos sexuales no debería ser una forma de nuestro propio entretenimiento, simplemente lo catalogamos como «asqueroso» o «basura», y entonces cambiamos de canal. Sin entender el contexto más amplio de que el plan de Dios para el sexo es hermoso, los niños pueden crecer viendo el sexo como algo negativo, y entonces cuando comiencen a tener sentimientos sexuales creerán que algo malo les ocurre.

> DEBEMOS ENSEÑAR A NUESTROS HIJOS SOBRE SEXO DE UNA MANERA SANA Y COMENZAR LAS CONVERSACIONES ENFOCÁNDONOS EN LO POSITIVO.

Eso prepara a nuestros hijos para el fracaso y la vergüenza sexual. Sé que es más fácil poner una etiqueta negativa a algo que mantener un diálogo que podría conducir a preguntas incómodas y posiblemente incluso a confesiones sobre nuestro propio historial sexual y pecados del pasado. Eso da miedo, pero la incomodidad vale la pena a cambio de ayudar a nuestros hijos a descubrir lo que significa estar «desnudos y sin vergüenza».

Yo no inventé esta frase: «desnudos y sin vergüenza». En realidad, es idea de Dios. Todas las grandes ideas son realmente de Él. Podríamos intentar reelaborar las cosas o recibir un retuit por decir algo ingenioso, pero Él es el creador de todo lo bueno, el sexo incluido.

Cuando Dios creó al hombre y a la mujer a su imagen, hizo al hombre y a su esposa desnudos, y la Biblia dice en Génesis 2.24 que estaban desnudos y no se avergonzaban. Me encanta esa imagen. Me gusta que una de las primeras lecciones que enseña la Biblia es que Dios tiene un plan hermoso para el sexo y el matrimonio, y aunque engañadores podrían hacer mucho para crear planes falsificados para el sexo, el diseño atemporal de Dios sigue siendo un amor completo, intimidad, vulnerabilidad, placer, aceptación y gozo. Él sigue queriendo que estemos desnudos y sin avergonzarnos.

Ashley y yo hablamos a menudo de este concepto en nuestro ministerio matrimonial. En conferencias para matrimonios e iglesias por todo Estados Unidos hemos hablado con parejas sobre nuestra propia historia, nuestros complejos y equipajes, y el amor y la gracia redentora de Dios en nuestro matrimonio. Somos vulnerables con otros para ayudar a esposas y esposos a encontrar la valentía de llegar a ser vulnerables el uno con el otro. (No te preocupes. ¡No nos desvestimos delante de nadie a excepción de nosotros!).

Creemos que un matrimonio «desnudo» no es solamente físico. La imagen que nos da la Biblia de desnudez se aplica a todos los aspectos de la vida. La desnudez es una imagen de transparencia y vulnerabilidad. Dios quiere que entremos en el matrimonio sin tener ningún secreto ni nada que ocultar. No quiere que llevemos nada debajo de la manga, ¡porque no llevamos puesto nada con mangas! Eso es lo que yo quiero para mis niños y para las mujeres con las que llegarán a casarse algún día. Eso es lo que quiero también para tus hijos e hijas, porque es lo que Dios quiere para todos sus hijos.

DESNUDOS Y AVERGONZADOS

Algunos de nosotros batallamos para descubrir las alegrías de estar desnudos y sin vergüenza porque hemos permitido que el péndulo oscile muy lejos en la otra dirección y hemos estado desnudos y desvergonzados Me refiero a que nuestro mundo tiene un modo de insensibilizarnos a la verdad de Dios y cauterizar nuestras conciencias hasta que ya no sentimos una convicción santa cuando realizamos conductas destructivas.

Si tocas una estufa caliente durante el tiempo suficiente, te quemará las terminaciones nerviosas y ya no volverás a sentir dolor, aunque aún así se ha causado un gran daño. Puede funcionar de este mismo modo a nivel emocional y espiritual, no solo a nivel físico. Las «terminaciones nerviosas» de nuestra conciencia pueden dejar de funcionar cuando entramos en un hábito perpetuo de ignorar la voz de Dios.

Cuando esto sucede con el pecado sexual, en lugar de llegar a estar desnudos y sin vergüenza podemos estar desnudos y desvergonzados. Quizá no sintamos vergüenza, pero no es por inocencia e intimidad. Es nuestra insensibilidad. La sutil voz del orgullo comienza a susurrarnos mentiras como: «Puedes hacer lo que quieras. No tienes que responder ante nadie. Haz lo que te haga sentir bien. ¿Cómo puede ser equivocado si te hace sentir tan bien? Nadie va a resultar herido».

Cuando comenzamos a creer las mentiras, estamos en problemas. Yo quiero que mis hijos sepan que el orgullo es pecado. No solo es pecado en sí mismo, sino que el orgullo es también el terreno donde echan raíces otros pecados.

Parte del problema del orgullo podría estar en tu papel como padre o madre. El orgullo puede colarse cuando no estamos dispuestos a tener conversaciones sinceras sobre el sexo, porque nos da miedo divulgar demasiado de nuestras propias decisiones sexuales en el pasado. No queremos que nuestros hijos se sientan justificados para tener sexo debido a nuestro mal ejemplo, o quizá tan solo queremos mantener un aura de superioridad moral permitiendo que nuestros hijos vivan dentro del espejismo de que nosotros nunca hemos pecado.

Recientemente leí un artículo de Roland Warren en el que hablaba de parte de su propia experiencia con este tema tan complicado de saber cuánto compartir con nuestros hijos. Roland explicaba que él había sido padre cuando todavía era un adolescente, y su propio papá había hecho lo mismo. Roland estaba avergonzado por sus acciones, y quería que sus propios hijos rompieran el ciclo familiar de ser padres en la adolescencia, pero sabía que necesitaría valentía para confesar sus errores como parte de la lección que les estaba enseñando. Roland explicaba su razonamiento:

> Si intentas amonestar a tus hijos para que dejen de hacer algo que es inmoral o ilegal mientras tú sigues haciéndolo, estás siendo un hipócrita. Y lo más probable es que tus hijos te descubrirán. Sin embargo, el crecimiento espiritual es cuando les dices a tus hijos que no hagan algo que tú antes

hiciste y que aprendiste que no era lo mejor de Dios para ti o que violaba los principios de Dios. Esto es como un padre o madre que dice: «antes yo era ciego, pero ahora veo». Ciertamente, un hombre ciego que recibe la vista y ayuda a otros a evitar un pozo peligroso en el que antes él mismo tropezó no es un hipócrita. Es un héroe. Por lo tanto, así también hay padres y madres que protegen a sus hijos de repetir errores que ellos cometieron en el pasado.[4]

La perspectiva de Roland me retó a ser totalmente sincero con mis propios hijos sobre las decisiones sabias y también las decisiones necias. Cuando seguimos el plan perfecto de Dios para el sexo, hay bendiciones para todos. Cuando seguimos nuestras propias inclinaciones lujuriosas o cuando hacemos concesiones siguiendo los estándares sexuales siempre cambiantes de la cultura, todos resultan heridos. Cuando nos mantenemos en silencio sobre las cosas y esperamos que nuestros hijos las descubran por sí solos, ellos resultarán heridos. Estas conversaciones difíciles podrían demostrar ser algunas de las palabras más significativas que intercambiemos con nuestros hijos. Ten la valentía de hacerlo.

Yo quiero que mis hijos sepan que pueden estar desnudos y sin avergonzarse ante sus esposas algún día, pero también quiero que sepan que la desnudez de mujeres fuera del contexto del matrimonio debería producir una respuesta muy diferente. Esto se relaciona obviamente con los peligros del sexo fuera del matrimonio, pero para romper la tensión de estos temas pesados que hemos estado hablando y darte cierto alivio cómico, compartiré una historia real sin tinte sexual y ridícula de mi propia vida sobre la desnudez torpe. Siéntete libre para reírte a carcajadas a mis expensas.

DESNUDO Y AL DESCUBIERTO

Estaba yo inquieto y nervioso en una sala de espera llevando puesta una bata de hospital que casi no cubría nada y estaba a punto de cubrir aún menos, dada la exposición y la desnudez que pronto se requerirían. El analgésico que me habían dado con antelación ya estaba haciendo efecto, y aunque aún tenía la mente clara, podía notar que mi cuerpo comenzaba a sentir insensibilidad. Preferiría haber estado totalmente dormido, porque soy una persona bastante modesta y estaba a punto de adoptar una postura que haría sonrojar a cualquiera.

Hice dos oraciones en aquella sala de espera. Hay algo en estar vestido con una bata de hospital que te hace sentir bastante indefenso y te recuerda clamar a un poder superior. La primera oración fue que el procedimiento en sí fuera bien y sin dolor. No me preocupaba demasiado esa parte, de modo que pasé más tiempo en la segunda oración.

La segunda oración que hice decía algo como lo siguiente: «Señor, estoy a punto de estar desnudo. Tú sabes que creo con todo el corazón que las mujeres pueden hacer las cosas igual de bien que los hombres, y a veces mejor que los hombres; pero hoy agradecería realmente si en esta sala no hubiera ninguna mujer. Aparte de mi esposa, preferiría que ninguna mujer me viera en este estado. Y una cosa más, por favor, que no conozca a ninguna de las personas en esa sala, y si puedo ser muy concreto, preferiría no volver a encontrarme con ellos nunca más después de esta situación. Preferiría no ver a ninguno de ellos en el supermercado y tener que mantener una pequeña charla después de que me hayan visto así. Gracias, Señor. Amén».

Sentí confianza en que Dios iba a ocuparse de mí siguiendo esta oración, pero también sentía cierto lamento por no haber viajado a la consulta de un médico fuera de la ciudad para este procedimiento. Me llevaron a la sala en silla de ruedas, y mientras me situaban en una postura incómoda que dejaba a la vista más de lo que yo jamás pensé que estaría dejando al descubierto en una sala pública bien iluminada, miré alrededor y vi que solamente había dos hombres. No reconocí a ninguno de ellos. Tampoco había ninguna mujer a la vista.

Además de sentir como si estuviera en un sueño extraño y embarazoso, todo fue tan bien como podría esperarse. Respiré profundamente y susurré en silencio una oración de «gratitud», pero antes de poder terminarla, una enfermera muy enérgica entró en la sala llevando en sus manos una carpeta, y echó un buen vistazo a mi tren de aterrizaje antes de observar mi cara asustada. Cuando establecimos contacto visual (lo cual yo intentaba evitar desesperadamente), ella casi dejó caer su carpeta y exclamó: «¡Pastor Dave! ¡Oh, Dios mío! ¿Qué está haciendo aquí?».

Sentí que la respuesta a su pregunta era obvia, así que opté por no responder. Estoy seguro de que de todos modos no habría tenido tiempo para responder, porque ella continuó inmediatamente. «Dave, usted probablemente no me conoce, pero soy Donna. Asisto a su iglesia, y me encanta escuchar sus sermones, y su libro *Las siete leyes del amor* es uno de mis libros favoritos de todos los tiempos».

Entonces dirigió su atención a los hombres que había en la sala y comenzó una conversación de ventas muy eficaz, intentando conseguir que ellos leyeran mis blogs y mis libros. Si alguna vez abandona su empleo como enfermera, sería una promotora asombrosa. Pensé en intentar contratarla para que hiciera publicidad de este libro, pero hice un pacto conmigo mismo de nunca volver a contactar con ella ni establecer contacto visual.

Donna se despidió, y yo me las arreglé para sonreír y cambiar mi incómoda posición. Cuando se cerró la puerta tras ella, pude escuchar que anunciaban desde el otro lado de la puerta: «Oigan, muchachas. ¡El pastor Dave está ahí dentro!».

Miré frenéticamente por la sala buscando una ventana u otra salida que pudiera utilizar después del procedimiento pero, desgraciadamente, solo había una salida. Cuando terminaron, me sacaron de la sala en la silla de ruedas ante los saludos y sonrisas de un grupo de personas con buenos deseos, pero a mí me pareció más un grupo de paparazi. Pensé en cambiar mi nombre y mi identidad pero, después de considerar la complicada logística de hacerlo, en cambio opté por ponerme un sombrero y lentes de sol en público durante un tiempo.

Ashley y yo compartimos muchas carcajadas en la sala de espera después de toda la situación. Estoy convencido de que incluso Dios se rió a carcajadas. Lo imagino sonriendo y meneando su cabeza mientras yo oraba, sabiendo lo que estaba a punto de suceder. Él podría haber llamado a un ángel y decir: «Oye, Gabriel. ¡Acércate y mira lo que está a punto de sucederle a Dave! ¡Va a ser muy divertido!».

Comparto esta divertida historia en un capítulo sobre sexo debido a un par de razones. En primer lugar, es divertida, ¡y tienes derecho a reírte a carcajadas a lo largo de este libro! En segundo lugar, aunque no hay nada moralmente equivocado en que te vean desnudo durante un procedimiento médico, dibuja una imagen del modo en que no debemos sentirnos cómodos con una desnudez sin límite cuando el sexo contrario está presente. No quiero que mis hijos lleguen a estar tan insensibilizados al pecado que intercambien el estar «desnudo y sin vergüenza» ante su esposa por «desnudo y avergonzado» ante una larga lista de novias casuales. Nunca deberíamos sentirnos incómodos al estar desnudos delante de nuestro cónyuge, pero nunca deberíamos sentirnos demasiado cómodos al estar desnudos delante de cualquiera que no sea nuestro cónyuge.

INOCENCIA INFANTIL
(Y DESNUDEZ)

Mientras escribo estas palabras, estoy sentado en el cuarto de Chatham ayudándolo a que se duerma. Él es mi hijo pequeño y tiene tres años, y está atravesando una fase en la que se asusta mucho a la hora de dormir a menos que alguien esté a su lado. Al principio yo veía su necesidad al irse a dormir como un gran problema que evitaba que yo pudiera ver programas en televisión realmente importantes como repeticiones de la serie

Seinfeld, pero ahora realmente espero con alegría que llegue la hora de acostarlo. Paso tiempo ininterrumpido con él, y entonces, mientras él intenta quedarse dormido (que parece una eternidad) yo tengo tiempo para escribir.

Esta noche escribo estas palabras mientras él canturrea suavemente al son de una máquina de sonidos en su cuarto que pone canciones de cuna en bucle. Es el sonido más hermoso que se puede imaginar. Hay una inocencia hermosa y sin freno en la niñez; es una inocencia que me derrite el corazón.

Cuando Chatham sale de la bañera en la noche y va corriendo por la casa moviendo su colita desnuda, está verdaderamente desnudo y sin avergonzarse. Espero, y es mi oración, que él junto con sus hermanos mayores Cooper, Connor y Chandler, se aferre a esa hermosa inocencia. Es mi oración que mantengan una fe como la de un niño y le añadan sabiduría de adultos. Es mi oración que ellos cambien el mundo mucho más de lo que el mundo los cambie a ellos. Es mi oración que incluso como adultos, dentro del hermoso pacto matrimonial con esposas a las que adoren y respeten, ellos estén desnudos y sin vergüenza.

En palabras de las mujeres

«Quiero que mis hijos sepan que el sexo no es un juego. Las decisiones que tomamos sobre el sexo tienen consecuencias para toda la vida. La sociedad habla de "sexo seguro", pero no hay ningún condón que pueda cubrir la mente, el corazón y el alma humanos».

—MAGGIE H. (45 AÑOS)

«Si mi papá supiera el modo en que hablan los muchachos de la escuela cerca de mí, seguramente los mataría. Un chico inquietante incluso consiguió mi número de celular y me envió un mensaje de texto con una fotografía de su pene. ¡Yo quedé asqueada! La borré enseguida y bloqueé el número de ese muchacho. Si alguna vez se lo dijera a mis padres, ellos se asustarían y llamarían a la policía».

—KATE F. (15 AÑOS)

«Cuando estaba en la universidad tuve sexo con un muchacho después de que los dos bebimos bastante. Él no dejaba de forzarme a hacerlo, y yo finalmente cedí, pero si hubiera estado serena sé que de ninguna manera lo habría hecho. Aún sigo sintiendo una mezcla de emociones por aquella noche, además de mucho lamento. Me hago responsable de mis actos, pero siempre desearía que él me hubiera respetado lo suficiente... y se hubiera respetado a él mismo lo

suficiente... para no forzar el tener sexo cuando no pensába-
mos con claridad».

—BARBARA K. (55 AÑOS)

«Soy virgen, y voy a mantenerme virgen hasta mi noche de
bodas. Algunas de mis amigas creen que soy una puritana
o que vivo en el siglo erróneo, pero sé que mi futuro esposo
será un hombre que me respete lo suficiente para apoyar mi
decisión y celebrar mis valores».

—SHELBY U. (20 AÑOS)

CAPÍTULO 6

LA EPIDEMIA DE PORNOGRAFÍA

No hay dignidad cuando se elimina la dimen-
sión humana de la persona. En pocas pala-
bras, el problema con la pornografía no es
que muestra demasiado de la persona, sino
que muestra muy poco.

—PAPA JUAN PABLO II

Si hay una fuerza en nuestro mundo que está causando más faltas de respeto hacia las mujeres que cualquier otra, argumentaría que esa fuerza sería la pornografía.

Mientras que un creciente número de mujeres se está involucrando en la pornografía, e incluso son adictas a ella, sigue siendo en gran parte una forma explotadora de entretenimiento producida por hombres y para hombres. Compartiré algunas estadísticas e historias a continuación para ayudar a arrojar luz al porqué y cómo la pornografía causa una falta de respeto generalizada hacia las mujeres, pero antes voy a hablar de mi propio viaje con la pornografía. Sé por experiencia propia que la pornografía puede secuestrar los pensamientos de un hombre y convertir a alguien que respeta a las mujeres en alguien que utiliza a las mujeres.

Mi propia lucha con la pornografía comenzó como una curiosidad de adolescente. Casi todos los chicos son estimulados por imágenes visuales de mujeres, y cuando la testosterona comienza a intervenir, la tentación de mirar y desear puede volverse abrumadora. En mis años de juventud, las opciones para desear eran limitadas. Era prácticamente la Edad Media cuando yo estaba en la secundaria, de modo que el Internet no era accesible. Mis primeros recuerdos de deseo intencional sucedieron en el supermercado Walmart. Sí, me oíste bien: Walmart. Lo sé, lo sé, es triste.

Walmart tenía una sección donde se podían ver pósteres. Los pósteres estaban enmarcados y conectados a cierto tipo de marco rotatorio que te permitía hojearlos uno a uno como si estuvieras pasando las páginas de un libro gigantesco. Los pósteres eran en su mayoría muy inocentes. Había pósteres de dibujos animados, de jugadores de baloncesto y de autos rápidos, pero escondidos en la mitad siempre había al menos un póster de una muchacha en bikini.

Cuando íbamos a Walmart, yo siempre le decía a mi mamá que quería echar un vistazo por ahí. Me separaba del grupo familiar y me dirigía hacia donde estaban los pósteres. Esperaba hasta que no hubiera nadie cerca, y entonces realizaba la rutina de fingir que miraba todos los pósteres cuando en realidad solamente me fijaba en la chica en bikini.

Mi curiosidad por las mujeres en bikini se transformó rápidamente en una curiosidad hacia mujeres sin bikini. Tenía un amigo que escondía debajo de su cama algunas revistas *Playboy*. Recuerdo la primera vez que me dio una. Tuve la sensación de que un fuego me quemaba las manos. Mi corazón latía acelerado. Sabía que no estaba bien desear a mujeres, pero toda la fuerza de voluntad que pude reunir no fue la suficiente para evitar que abriera esa revista por el centro. Cuando vi esas imágenes retocadas quedé enganchado, pero estar «enganchado» a la pornografía no significa que quieras más de lo mismo. Significa que siempre necesitas algo diferente.

El siguiente paso en mi digresión llegó cuando uno de mis amigos consiguió algunas revistas de pornografía dura. Cuando vi aquellas imágenes gráficas, mirarlas ya no era suficiente. Tenía que tener un alivio físico mientras miraba. Aquellas revistas me pincharon con la espada de doble filo de la pornografía y la masturbación. Yo las miraba, después fantaseaba, y entonces me masturbaba.

Las revistas allanaron el camino hacia las películas, y en aquella época el acceso a la pornografía en el Internet hacía que cada fantasía estuviera solamente a un clic de distancia. Mi cerebro estaba siendo remodelado para ver a las mujeres como objetos sexuales que estaban ahí para mi acceso según demanda, para utilizarlas y descartarlas según yo quisiera. Estaba perdiendo el control. Incluso cuando era capaz de pasar periodos de tiempo sin mirar pornografía, seguía repitiendo esas imágenes en mi mente y me masturbaba diariamente. Era un ciclo adictivo del que no estaba seguro de poder ser libre alguna vez.

Yo justificaba en mi mente que en realidad no estaba usando a nadie, ya que aquellas eran meramente imágenes en una pantalla o en una revista. Era solamente entretenimiento. Nadie estaba resultando herido. Creí esa mentira durante un tiempo, hasta que noté que ya no podía mirar a una mujer atractiva sin desvestirla en mi mente y fantasear sobre ella haciendo actos sexuales según yo lo demandaba.

Mi mente se convirtió en un lugar retorcido. Yo hubiera seguido diciendo que respetaba a las mujeres, pero una afirmación más sincera habría sido que quería respetar a las mujeres. Mis pecados lujuriosos habían saboteado mis buenas intenciones, y había perdido el control.

Por mera fuerza de voluntad me mantenía alejado de la pornografía durante semanas o incluso meses, pero siempre regresaba a ese mismo pozo de oscuridad, porque nunca busqué rendir cuentas. Nunca seguí el mapa de ruta bíblico hacia la sanidad, el cual implica siempre arrepentimiento. Seguía el camino del orgullo, y el orgullo nos dice que nadie tiene que saberlo, y que uno puede ocuparse de las cosas por sí mismo.

Llevé mi secreto de la pornografía a mi matrimonio sin decirle a Ashley que había sido una lucha en el pasado. Pensaba que yo estaba «curado», y también creía el mito de que cuando estuviera casado y tuviera una salida saludable para mi impulso sexual, nunca más volvería a ser tentado por la pornografía.

Resultó que estaba muy equivocado, y volví a caer en ese mismo pozo de oscuridad aproximadamente un año después de nuestro matrimonio.

Cuando Ashley descubrió los sitios que yo había visitado en nuestra computadora, se le rompió el corazón, quedó avergonzada y aliviada al mismo tiempo. Comenzamos un viaje hacia la sanidad, y estoy muy agradecido de que ella respondiera con gracia. Aunque fue profundamente herida por mi falta de sinceridad y mi pecado de lujuria, decidió perdonar y me ofreció la oportunidad de reconstruir la confianza que yo había roto.

Estoy muy agradecido por la gracia de Dios y la gracia de mi esposa. ¡No sé dónde estaría sin ellos!

Estoy feliz de reportar que he sido libre de la pornografía por diez años. Aunque parece un recuerdo distante, aún tengo que batallar contra las imágenes oscuras que están engranadas en mi mente, y sigo teniendo que guardar mis ojos de imágenes seductoras que me rodean. Es una batalla continua para mí y para la mayoría de hombres de todas las edades.

Todas las estadísticas dicen que la mayoría de los hombres y muchachos adolescentes tienen una lucha presente con la pornografía. Veo esa mirada familiar en los ojos de muchos. Es una mirada que yo solía tener y contra la que sigo batallando. Es una mirada de escanear el horizonte en busca de cualquier mujer para «comprobarla». Es una mirada que convierte en objeto, que desviste mentalmente y utiliza a las mujeres en lugar de respetarlas.

No podemos esperar que nuestras palabras de respeto sean creídas cuando nuestros ojos dicen una historia diferente. Debemos ser una generación que está de acuerdo con Jesús en que la lujuria es pecado. La pornografía es inmensurablemente dañina tanto para los actores que la representan como para los miles de millones de consumidores que la ven.

Si queremos enseñar a nuestros hijos a respetar a las chicas, necesitamos mantener algunas conversaciones importantes con ellos acerca de la pornografía.

LO QUE TODO PADRE NECESITA SABER SOBRE LA PORNOGRAFÍA

«Parece muy obvio: si inventamos una máquina, lo primero que vamos a hacer, después de sacar un beneficio, es utilizarla para ver pornografía. Cuando se inventó el proyector aproximadamente hace un siglo, las primeras películas no eran de damiselas en apuros atadas a vías de trenes o comedias al estilo Charlie Chaplin; eran cortos de tinte pornográfico llamados películas para hombres. El VHS se convirtió en el estándar dominante para los videos, en gran parte porque Sony no permitía a quienes filmaban pornografía utilizar Betamax; la industria del cine siguió la dirección de la pornografía. DVD, el Internet, teléfonos celulares. En todos los campos la pornografía plantó su gran bandera allí primero, o al menos poco tiempo después».

—DAMON BROWN, AUTOR DE *PORN AND PONG* Y *PLAYBOY'S GREATEST COVERS*[1]

«Este material es más agresivo, más dañino, más violento, más degradante e hiriente que en cualquier otra época en

la historia del mundo. Y esta generación que está creciendo está lidiando con él en una intensidad y escala en la
que ninguna otra generación en la historia del mundo ha
tenido que hacerlo jamás».

—CLAY OLSEN, COFUNDADOR Y CEO
DE FIGHT THE NEW DRUG[2]

Leí recientemente un artículo en el que un investigador
reunió a un grupo de enfoque de estudiantes de secundaria
para preguntar sobre su exposición a la pornografía y sus
ideas relacionadas con la pornografía. Los muchachos no lo
sabían en aquel momento, pero los padres de aquellos adolescentes, principalmente de clase media, de edades entre los
catorce y los dieciséis años, estaban viendo la conversación en
un video en directo en una sala diferente. Los padres rápidamente quedaron sorprendidos y abatidos por lo que sus hijos
estaban diciendo.

«¿Han visto alguna vez a una "perla"?», preguntó uno de los
chicos mientras se reía. El resto de los chicos se rió e intervino
diciendo cosas como: «¡Ah, sí! Me gustaría mucho una perla,
porque ella tendría que hacer lo que uno quisiera». El investigador ni siquiera estaba seguro de a qué se referían con «perla», y
los chicos le dijeron que es un término pornográfico para refe-
rirse a una mujer sin brazos ni piernas que realiza actos sexuales
en películas pornográficas. No solo todos aquellos chicos conocían el término; la mayoría de ellos parece que habían visto ese
tipo de pornografía y la describieron con detalles muy gráficos.

El investigador preguntó sobre sus primeras exposi-
ciones a la pornografía y cómo tuvieron acceso a ella. La

mayoría de ellos había visto pornografía antes de cumplir los once años, y la mayoría de ellos (chicos y chicas) veían ahora pornografía al menos con cierta regularidad. Algunos de los muchachos parecían ser ya adictos. Cuando les preguntaron cómo tuvieron acceso a la pornografía, comenzaron a sacar teléfonos inteligentes y a mostrar aplicaciones que parecían inocentes (iconos de aplicaciones que se veían como calculadoras, juegos, u otras cosas «inocentes»), pero que en realidad estaban diseñadas para ocultar videos, fotografías, y cualquier otra cosa que los chicos quisieran que sus padres no vean. Incluso si les quitaban los teléfonos, los chicos hablaban de que ahora podían ver todo lo que quisieran en los teléfonos de sus amigos.

La conversación continuó cuando el investigador cambió de tema y preguntó qué palabras venían a sus mentes cuando pensaban en pornografía. La primera palabra que alguien lanzó fue «anal», seguido por «oral», y términos de jerga que se referían al sexo oral y anal. Todos los demás chicos y chicas comenzaron a estar de acuerdo, diciendo que el sexo pornográfico siempre incluía sexo oral y anal al igual que acto sexual vaginal.

El investigador preguntó cómo había moldeado la pornografía sus perspectivas y expectativas del sexo. Una muchacha habló y dijo: «Los chicos siempre esperan que hagas "sexo pornográfico"». Otra muchacha habló sobre que las mujeres en la pornografía nunca tenían vello púbico, de modo que ahora a los chicos les repugna cualquier vello púbico. Un chico se rió y dijo: «¡Son gorilas!», refiriéndose aparentemente a cualquier mujer que no se rasurara el vello púbico.

A medida que continuó la conversación, se hizo obvio que incluso si aquellos muchachos estaban exagerando sus propias experiencias para impresionar a sus compañeros, las estadísticas sugerían que su experiencia era mucho más común de lo que nos gustaría admitir. La exposición de los jóvenes a la pornografía (y también la exposición de los adultos a la pornografía) está teniendo un impacto masivo en individuos, relaciones, y la sociedad en general. Los datos son asombrosos.

Necesitamos tener algunas conversaciones muy sinceras con nuestros hijos, y necesitamos enseñarles sobre la pornografía y el sexo. Si no estamos dispuestos a tener esas conversaciones, créeme que hay muchos de sus amigos que estarán muy contentos de tener esas conversaciones con ellos. Para equiparnos a nosotros mismos para esas conversaciones, veamos seis hechos importantes que cada padre y madre necesita saber sobre la pornografía:

1. La edad promedio de la primera exposición a la pornografía es once años. Cuando un niño se ha graduado de la secundaria, el noventa y cinco por ciento de los jóvenes ha estado expuesto a la pornografía, ya sea que lo buscaran o no.[3]

Estas estadísticas que dan que pensar son un recordatorio de que necesitamos hacer todo lo posible para proteger a nuestros hijos de estar expuestos tempranamente a la pornografía. La exposición probablemente se producirá en algún momento a pesar de lo que nosotros hagamos, pero aún así necesitamos hacer todo lo que podamos para guardar sus ojos y sus corazones. La pornografía alimenta la lujuria, y la lujuria alimenta la falta de respeto. La pornografía es quizá el vínculo más universal compartido por todos los hombres que no respetan a las mujeres. Cuando la lujuria no está controlada y el uso de pornografía se intensifica, la mente de un niño apenas puede pensar en una mujer sin convertirla mentalmente en un objeto sin respetarla. Sé esto por la investigación, pero también lo sé por experiencia personal. Los productores de pornografía están empujando agresivamente su indecencia para convertir a nuestros hijos en consumidores adictos a la pornografía, y los padres y madres deben ser fanáticos en la lucha contra la pornografía. Algunas herramientas nos ayudan a bloquear la pornografía y supervisar toda la actividad en el Internet. Algunos recursos estupendos para ayudarnos son Circle, que es un filtro de Disney para el Internet, al igual que los softwares que bloquean pornografía como Covenant Eyes o X3Watch.[4] Además, como mencioné anteriormente, uno de los mejores recursos para ayudarnos a tener conversaciones sinceras sobre sexualidad sana es Passport2Purity de Family Life Today.

2. Los actores en películas pornográficas perpetúan una fantasía, pero con frecuencia tienen dolor físico.

Carlo Scalisi, el dueño de una empresa de producción pornográfica, fue citado diciendo: «Los aficionados se ven mejor en la pantalla. Nuestros clientes sienten eso. Se puede ver en las caras de las mujeres que están experimentando dolor, y eso excita a muchos de nuestros espectadores».[5] Dejemos que esa idea se asimile. Gran parte de la industria pornográfica sirve intencionalmente contenido gráfico y violento que convierte en objetos a las mujeres y cultiva una versión retorcida de placer producida por ver sufrir a una mujer. No estoy seguro de cómo cualquier persona razonable podría pensar que no hay ningún vínculo entre la industria pornográfica y el maltrato generalizado de nuestro mundo hacia las mujeres. Causar intencionadamente dolor a una mujer o derivar placer de su dolor es una forma grotesca de falta de respeto.

El efecto a largo plazo sobre los actores de pornografía y los consumidores de pornografía puede conducir a disfunciones sexuales y disfunción emocional en futuras relaciones y matrimonios. En un mundo diseñado para crear placer, se produce mucho dolor tras bambalinas. Hay dolor y con frecuencia abuso en los trasfondos de los actores, y siempre habrá dolor futuro en las relaciones de todos aquellos que beben del pozo envenenado de la pornografía.[6]

3. La pornografía tiene el mismo impacto en el cerebro que una droga adictiva.

La industria pornográfica gana más dinero que todos los deportes profesionales combinados, y debido a que hay en juego mucho dinero, las personas no quieren admitir que la pornografía es destructiva o adictiva, ¡pero lo es! El uso de pornografía está relacionado con depresión, ansiedad, sexismo, delitos sexuales, divorcio, y otros incontables problemas físicos, emocionales y relacionales. La página web www.FightTheNewDrug. org contiene evidencia científica convincente que muestra que la exposición continua a la pornografía tiene el mismo efecto negativo sobre la mente que la adicción a la heroína.[7]

4. La pornografía es el enemigo del amor.

Creo sinceramente que esto es cierto en diversos niveles. Como cristiano, puedo darte muchos versículos de la Biblia, incluyendo cuando Jesús dice que mirar a una mujer con deseo es cometer adulterio en tu corazón, y otros incontables pasajes sobre amor, sexo y matrimonio, pero incluso si no compartes mi fe, solamente las estadísticas deberían ser suficientes para hacer que quieras mantenerte alejado de la pornografía el resto de tu vida. Arruina matrimonios. Sabotea el amor. Es una de las principales fuentes de falta de respeto hacia las mujeres. Crea la ilusión de conexión, pero es un fabricante de disparidades y divisiones entre hombres y mujeres. Remodela el cerebro de maneras devastadoras. Conduce a una disfunción relacional generalizada y puede insensibilizar a quienes la utilizan para que no puedan experimentar intimidad sexual y/o emocional en relaciones posteriores.[8]

5. La mayoría de los jóvenes no consideran errónea la pornografía.

Un estudio reciente reveló que el noventa y seis por ciento de los adolescentes y adultos jóvenes aceptaban o eran neutrales cuando se trataba de su opinión sobre la pornografía. Solamente el cuatro por ciento creía que era errónea o un pecado. Esta indiferencia moral está alimentando el consumo masivo de pornografía. En 2016 solamente en una página web, los consumidores vieron más de cuatro mil millones de horas de pornografía. Eso es el equivalente a diecisiete mil vidas, y se produjo todo ello en un solo año y en una sola página web.[9]

6. La pornografía y otras actividades relacionadas con el cibersexo pueden ser tan dañinas para un matrimonio como una aventura amorosa física real.
En un proyecto detallado de la investigadora Jennifer P. Schneider, los datos del sondeo medían el impacto a largo plazo de la pornografía y otras actividades de cibersexo, entre las que se incluían mensajes de texto sexuales y compartir en línea imágenes sexualmente explícitas. La investigación indicaba que esta actividad es increíblemente dañina para las relaciones, y quienes estaban casados indicaban que la secuela de esas actividades en línea puede ser tan dolorosa como una aventura amorosa física real. Esto es particularmente dañino, ya que la mayoría de las personas no consideran estas actividades en línea una forma de infidelidad o ni siquiera de estar equivocado.[10] Otra investigación también descubrió que el índice de divorcio para parejas que ven pornografía es casi dos veces más elevado que el índice de divorcio para parejas que no ven pornografía.[11]

ENSEÑAR A NUESTROS HIJOS LOS BENEFICIOS Y LAS TRAMPAS POTENCIALES DE LA TECNOLOGÍA

«De los miles de delincuentes sexuales encarcelados y depredadores sexualmente violentos con los que trabajé durante el curso de más de once años, ninguno de ellos habría creído que terminaría delinquiendo. Simplemente

jugaban en los límites, armonizaban con la oscuridad, y se
saturaban ellos mismos de pornografía».

—JON K. UHLER[12]

Mis hijos son mejores que yo con la tecnología. Su generación ha sido apodada como «nativos digitales», lo cual significa que la tecnología es para ellos como una lengua materna. Nacieron con acceso a teléfonos inteligentes. Están aprendiendo a codificar en la secundaria. Tienen el conocimiento del mundo literalmente en sus dedos, y ya están dando forma al futuro del mundo mediante su destreza tecnológica.

Cuando hablamos con nuestros hijos sobre el respeto por las mujeres, la pornografía y el sexo, también necesitamos hablarles sobre el buen uso y el mal uso de la tecnología. No podemos ni demonizar ni divinizar la tecnología. Debemos enseñar a nuestros hijos principios responsables para ayudarles a lidiar con las oportunidades y trampas potenciales relacionadas con la increíble tecnología que tienen entre sus manos.

A pesar de todo lo bueno que la tecnología ha traído al mundo de nuestros hijos, también los ha abierto a algunas imágenes terribles. La tecnología también puede proporcionar una peligrosa ilusión de interacciones libres de consecuencias con otras personas. Muchos juegos de video y otras plataformas en línea permiten crear a los niños y niñas pseudoidentidades mediante avatares que pueden insultar, violar, o incluso matar a otros sin frenos ni castigo. Muchas personas argumentan que estos juegos en línea e interacciones son indefensos, pero yo tengo la teoría de que casi todos los actos de violencia en la vida real y la falta de respeto hacia las mujeres se produjeron primero en línea antes de que sucedieran en el mundo real.

No quiero ser como mi bisabuela legalista, que solía llamar al televisor «la caja del diablo» y reprendía a mi bisabuelo por ver Walter Cronkite o baloncesto universitario en la pantalla en blanco y negro. Existe la tentación de demonizar la tecnología, porque es más fácil condenar algo que meternos en el caos de aprenderlo, explicarlo y aprovecharlo para bien. Como seguidores de Cristo, tenemos un mandato dado por Dios de aprovechar la tecnología para bien y para edificar el reino, pero antes debemos enseñar principios a nuestros hijos que les ayudarán a usarla con sabiduría y entender las duras verdades de que hay muchas personas que la utilizan para propósitos malvados.

Recientemente, en un horrible mal uso de la tecnología y la explotación de las chicas, Facebook se convirtió sin saberlo en el facilitador de una subasta de esclavas. Un padre subastó a su hija de dieciséis años para darla en matrimonio al mejor postor en un post que se originó en Sudán del Sur. La etiqueta de «matrimonio» era un disfraz finamente velado que intentaba enmascarar el tráfico sexual como algo más noble. La mayoría de las novias adolescentes son vendidas a hombres mucho mayores, y muchos de esos hombres ya tienen varias esposas.

Cuando Facebook se enteró de este uso perverso de su tecnología, eliminaron el post. Demostró ser demasiado tarde. El hombre había vendido a su hija a un violador a cambio de algunas vacas, autos y dinero. Subastas similares se producen en línea y de maneras menos sofisticadas millones de veces al año.[13]

Nuestros hijos necesitan ser una luz en la oscuridad de sus escuelas, en sus relaciones e incluso en el Internet, pero también debemos tener cuidado de no enviarlos a la oscuridad demasiado pronto sin supervisión o sin preparación. Debemos tener conversaciones sanas y continuas para asegurarnos de estar dándoles la guía, responsabilidad y protección que necesitarán. Necesitamos enseñarles a dominar la tecnología, pero también necesitamos protegerlos de los peligros que la tecnología puede crear, como el acceso a la pornografía según demanda, y también otros malos usos terribles e incontables de la tecnología. También hay que recordar a nuestros hijos que la falta de respeto o la objetificación de las mujeres en un entorno virtual nunca es aceptable o queda sin consecuencias.

No existe ninguna fórmula mágica para ayudar a los padres a tener la charla correcta sobre tecnología cada vez. Todo se reduce a los temas que están en el corazón de todo este libro: comunicación, integridad y respeto. Modela estos principios para tu niño, y sé vigilante y participante junto con él en cada paso del camino. Estarás en la senda correcta, y ganarás la confianza y credibilidad para ser una influencia continua en su vida mucho después de que haya madurado y haya volado de tu tejado.

A continuación, tenemos algunos de mis consejos y herramientas favoritos relacionados con enseñar a tus hijos a ser sabios y seguros cuando se trata de tecnología:

1. **Supervisa sus actividades en la web.** Tu niño no tiene derecho a la privacidad en el Internet mientras sea menor de edad viviendo en tu hogar. Supervisa con

frecuencia su actividad. Si no estás seguro de cómo mirar de modo preciso el historial y la actividad en línea, entonces pide a un amigo o asociado entendido en tecnología que compruebe periódicamente tus aparatos.

2. **Deja saber a tu hijo que está siendo supervisado.** Ten una política libre de secretos de toda su actividad en el Internet. Añade las medidas extra de responsabilidad de tener un software que bloquea pornografía y aplicaciones que rastrean la web. Estos recursos cambian constantemente, pero unas pocas aplicaciones y herramientas que han sido útiles en nuestra casa para que todos rindamos cuentas han sido las mencionadas anteriormente: X3Watch, Covenant Eyes, y Circle de Disney al igual que Bark.us.

3. **Limita el tiempo ante la pantalla.** Nuestros hijos estarían todo el día jugando juegos de video si se lo permitiéramos. Nosotros hemos aprendido a aprovechar el tiempo ante la pantalla como una recompensa y a quitarla como un castigo. También hemos bloqueado la mayoría de los días de la semana como un tiempo en el que no es posible jugar juegos de video.

4. **Alienta el uso positivo e innovador de la tecnología.** Queremos que nuestros hijos sean estupendos con la tecnología para que así puedan hacer cosas grandes con la tecnología. Ashley y yo hemos podido alcanzar a millones de personas en todo el mundo con un mensaje positivo, todo ello debido a la tecnología. Compartimos con nuestros hijos nuestro trabajo en línea y los alentamos a hacer lo mismo con nosotros. ¡Nuestros hijos

más mayores ya son mejores que nosotros con la tecnología! Ellos están lanzando canales de YouTube y otras actividades positivas basadas en la tecnología (y posiblemente beneficiosas). Desde luego, esas actividades requieren una mayor vigilancia por nuestra parte, pero es un pequeño precio a pagar para preparar a nuestros hijos para que sean buenos administradores del potente regalo de la tecnología que tendrán todos ellos en sus dedos durante toda la vida.

ROBOTS SEXUALES Y EL FUTURO DE LA LUJURIA BASADA EN LA TECNOLOGÍA

Vivimos en una época en la que la tecnología avanza a velocidad vertiginosa. Muchos de los innovadores que están al frente de esos avances tecnológicos son tristemente quienes juguetean con la pornografía y otras formas de entretenimiento sexual basado en la tecnología. La última moda en la explosión de tecnología sexual sigue la creciente demanda de robots sexuales.

Una historia reciente en las noticias locales reportaba que mi estado natal de Texas está preparado para abrir su primer «prostíbulo» formado por robots sexuales de alta tecnología. Yo veía con asombro mientras los presentadores hacían una suave transición desde hablar de la climatología local y los deportes a presentar robots espeluznantemente realistas y equipados con inteligencia artificial, que están diseñados para responder a las órdenes y preferencias sexuales de sus clientes varones. La historia en las noticias se convirtió en cierto tipo de anuncio para el prostíbulo al dar los precios por hora para rentarlos y los precios de venta para aquellos clientes que quisieran tener su propio esclavo sexual robótico según demanda en la comodidad de su propio hogar.[14]

La historia presentaba entrevistas a residentes preocupados que pensaban que todo el concepto era espeluznante y sórdido, pero quienes se beneficiaban del nuevo boom en robots sexuales argumentaban que sencillamente están dando un servicio. Es simplemente la oferta y la demanda. Más allá del capitalismo puro implicado, no hay ninguna víctima real. Es esencialmente una forma de masturbación de alta tecnología. Muchos argumentaban que la opción según demanda de gratificación sexual disminuirá la demanda de tráfico sexual y las ocasiones de acoso sexual. Estos argumentos son claramente erróneos, y quedan perpetuados solamente por quienes tienen motivos egoístas.

Mientras yo pensaba en el futuro de cómo la tecnología facilitará el pecado sexual a cambio de beneficio, tuve varios pensamientos iniciales. En primer lugar, observé que todos estos robots sexuales estaban diseñados para que se parecieran a mujeres jóvenes de apenas unos dieciocho años de edad. Algunos de ellos tenían el aspecto de muchachas incluso más jóvenes de la edad legal de consentimiento. Inquietante. Mi mente también regresó a todas las advertencias del Antiguo Testamento contra la bestialidad, lo cual es esencialmente utilizar un cuerpo que no es humano para la gratificación sexual. La Palabra de Dios siempre ha dado una clara advertencia sobre el mal uso del sexo en cualquiera de sus formas.

CRÍA HIJOS QUE RESPETEN A LAS CHICAS

A pesar de todos los paralelismos con el Antiguo Testamento y lo espeluznantemente horrible que es todo el concepto, lo que más me inquieta tiene que ver con la falta de respeto hacia las mujeres que sin duda alguna será desatada por esta práctica. Se podría argumentar que es imposible mostrar falta de respeto hacia las mujeres mediante el modo en que se trata a un robot. Yo argumentaría que como tratemos la imagen de una mujer importa, y eso impacta significativamente el modo en que se trata a las mujeres en general. De hecho, argumentaría que tiene mucha importancia.

La mente humana es un terreno de entrenamiento para nuestras creencias, y nuestras creencias se convierten en nuestros actos. Si un niño practica amar y alimentar a una muñeca, ese niño probablemente amará y alimentará a un hermanito bebé en la vida real de manera similar. Si un adulto utiliza y objetifica a una muñeca que tiene la imagen de una mujer, su mente finalmente justificará la objetificación de las mujeres reales. Su mente será reenfocada para ver el sexo como un acto egoísta donde es imposible abusar de un compañero sexual, porque como sus robots, ella existe solamente para su propio placer sexual. El placer de ella (o incluso su consentimiento) no es un asunto con consecuencias mientras él consiga lo que quiere. Si tienes sexo regularmente con un objeto que

> COMO TRATEMOS LA IMAGEN DE UNA MUJER IMPORTA, Y ESO IMPACTA SIGNIFICATIVAMENTE EL MODO EN QUE SE TRATA A LAS MUJERES EN GENERAL.

posees, no pasará mucho tiempo antes de que trates a un compañero sexual humano como un objeto que es tuyo.

Quizá crees que estoy exagerando un poco como para argumentar que aquellos que ven pornografía o quienes participan en formas de entretenimientos sexuales son todos sexistas. No estoy intentando dibujar con pinceladas amplias a la hora de juzgar o etiquetar a las personas, sino que intento apelar a nuestra razón colectiva. La industria del entretenimiento sexual está envenenando nuestras mentes y, como consecuencia, envenenando nuestras relaciones. Hasta que podamos admitir que lo que sucede en la mente importa, entonces nos estaremos preparando nosotros mismos, y a nuestros hijos, para algunas decisiones terribles.

Como un hombre que batalló con la pornografía en mis años de adolescencia y hasta el principio de la edad adulta, puedo testificar personalmente de los impactos negativos que puede tener la pornografía en una persona y en el matrimonio. Ahora que mi esposa y yo trabajamos con parejas casadas, cada día vemos matrimonios que se desmoronan debido al uso de la pornografía. Por favor, enseña a tus hijos que la pornografía destruye. Sé sincero sobre tus propias experiencias y errores. Hazles preguntas y sé un lugar de seguridad donde ellos puedan procesar todo lo que están pensando, sintiendo, y lidiando. No permitas que otra persona tenga esas conversaciones en tu lugar. ¡Hay demasiado en juego!

Enseña a tus hijos a mantenerse alejados de la pornografía, y también en tu propia vida mantente alejado. La pornografía sabotea nuestro pensamiento. Convierte a personas que respetan a las mujeres en usuarios e incluso abusadores de las mujeres. Podría parecer fácil justificar el considerar la pornografía una forma inocua de exploración sexual, pero ver pornografía como un medio para satisfacer tus necesidades sexuales es como beber veneno como un medio de satisfacer tu sed. Podría parecer satisfacerla en el momento, pero siempre te hará daño al final.

En palabras de las mujeres

«Mi esposo me convenció para que viera pornografía con él. Al principio quedé asqueada, pero después, para ser sincera, hizo que nuestra vida sexual mejorara durante un tiempo. Al menos yo pensaba que estaba ayudando. Añadía algo emocionante, pero más adelante entendí que en realidad estaba envenenando nuestra relación. Comenzamos a alejarnos mutuamente fuera del dormitorio, y finalmente mi esposo tuvo una aventura amorosa. Ahora estamos divorciados, y sinceramente rastreo todos nuestros problemas hasta aquella decisión de incorporar la pornografía a nuestro matrimonio. Desearía que nunca lo hubiéramos hecho. Sinceramente creo que aún seguiríamos casados».

—DANA K. (39 AÑOS)

«Casi todos los chicos en mi universidad ven pornografía. Hablan de ello todo el tiempo como alguien hablaría de ver dibujos animados o cualquier otra cosa. Actúan como si no fuera gran cosa, pero por el modo en que miran a las mujeres y el modo en que hablan sobre las mujeres... se puede decir que la pornografía está envenenando sus mentes. En una ocasión un muchacho me dijo que me parecía a una chica que salía en su película pornográfica favorita, y después me miró de arriba abajo como si me estuviera desvistiendo en su mente. Creo que se suponía que aquello fuera un elogio o algo así, pero realmente nunca me he sentido tan asqueada *en mi vida. Es muy triste. Quiero casarme con un chico que no consuma pornografía. No quiero competir con esa basura».*

—STACY L. (21 AÑOS)

«Pensaba que estaba haciendo todo lo correcto para proteger a mis hijos varones de la pornografía, pero descubrí el historial de búsqueda en la computadora de nuestro hogar y me di cuenta de que mi hijo de catorce años ya está enganchado a ella. Siento que he fallado como mamá. Me gustaría que no existiera la pornografía».

—MARCY R. (38 AÑOS)

CAPÍTULO 7

LUJURIA Y MASTURBACIÓN

Pero yo digo que el que mira con pasión sexual a una mujer ya ha cometido adulterio con ella en el corazón.

—JESÚS (MATEO 5.28)

Si tienes un hijo varón adolescente, hay muchas posibilidades de que se masturbe con más frecuencia de la que se cepilla los dientes. En serio.

No comparto contigo este secreto de los varones adolescentes para disgustarte y asombrarte. Simplemente quiero que seas consciente de que casi todos los niños se masturban y lo hacen con mucha frecuencia desde el principio de la adolescencia hasta el inicio de la edad madura. Podrías estar preguntándote qué tienen que ver los hábitos de baño de un muchacho adolescente con respetar a las chicas, y también podrías preguntarte por qué hay un capítulo entero enfocado concretamente en este tema.

La respuesta es esta: la masturbación desenfrenada que experimentan la mayoría de los niños en la adolescencia está entrenando sus mentes y sus cuerpos para ver a mujeres y chicas como objetos sexuales y fantasías según demanda para su propia gratificación sexual. Puede convertirse en una manifestación egoísta y tangible de falta de respeto hacia las mujeres. Sé todo esto por la investigación, pero también lo sé por experiencia personal. A continuación, tenemos algunas confesiones reveladoras de adolescentes parafraseadas, que provienen de investigación, publicaciones en redes sociales y entrevistas:

«Quiero respetar a las chicas, y a veces tengo ganas de hacerlo, pero me he masturbado fantaseando casi con todas las chicas bonitas que conozco. Me resulta difícil ver a una chica, pensar en una chica, o hablar con una chica sin pensar inmediatamente en sexo. Me temo que, si las chicas supieran lo que realmente estaba sucediendo en mi mente, saldrían corriendo y gritando, y nunca más querrían volver a hablar conmigo».

—JACKSON (16 AÑOS)

«Cuando estoy hablando con otro chico siempre lo miro a los ojos, pero he observado que cuando hablo con chicas siempre miro sus bocas cuando hablan. En lugar de escuchar lo que están diciendo, estoy fantaseando con besarlas; o peor aún, estoy fantaseando con que me hagan sexo oral. He visto tanto sexo oral en la pornografía que ahora mi cerebro ve la boca de una chica como un órgano sexual. Es en lo que pienso cuando me masturbo. Ni siquiera puedo mantener una conversación con una chica sin pensar en ello».

—BLAKE (18 AÑOS)

«La primera vez que me masturbé me sentí sucio y culpable... pero también me sentí muy bien. Mientras más lo hacía, menos sucio me sentía, pero me seguía sintiendo bien cada vez. A veces me excito tanto al ver a las animadoras practicar durante la clase de gimnasia, que tengo que correr al vestuario fingiendo que tengo que ir al baño, pero realmente estoy pensando en las animadoras y masturbándome. ¡Moriría si alguna vez me agarraran haciendo eso en la escuela!».

—LUKE (15 AÑOS)

En cuanto a mi propia historia… realmente, voy a hacer un rápido anuncio personal. Mi mamá lee todo lo que yo escribo, porque ella es una madre amorosa, alentadora, maravillosa y que me apoya. Mamá, sé que en este momento estás leyendo estas palabras, pero por favor sáltate el resto de este capítulo. Ya es incómodo admitir lo que estoy a punto de admitir, ¡y será mucho más complicado saber que tú lo estás leyendo! Te quiero. Ahora, por favor sáltate esta parte. Si no te la saltas, puede que jamás sea capaz de volver a mirarte a los ojos sin sonrojarme.

Bien, ¿dónde estaba? En cuanto a mi propia historia, a lo largo de mis años de adolescencia me masturbé literalmente miles de veces. Calcularía que mi promedio fue de una o dos veces al día durante toda una década. Formaba parte de mi vida igual que comer, y al igual que con la comida, sentía que iba a morir de hambre si pasaba tiempo sin hacerlo. Ha sido incómodo admitir eso, y solo para hacerte una advertencia justa, esta conversación probablemente va a ponerse más incómoda. Quédate a mi lado mientras comparto algunos detalles íntimos de mi pasado. Todo esto tiene un objetivo importante.

Los primeros desencadenantes para la masturbación podrían ser cualquier cosa, desde ver ropa interior en un anuncio en televisión hasta ver a una chica en pantalones cortos caminando por la calle. Yo no tenía acceso a la pornografía en aquellos primeros años de adolescencia, pero sí tenía una tarjeta escondida en el cajón de mi ropa interior. Había comprado la tarjeta en una tienda de recuerdos en un viaje familiar a Myrtle Beach, y tenía una imagen excitante de una mujer que llevaba una camiseta mojada y dejaba poco a la imaginación. Aquella tarjeta de cincuenta centavos fue como una droga que finalmente me condujo a formas más gráficas de pornografía.

Mi hábito de masturbación era alimentado por la pornografía, y mientras más pornografía consumía, más voraz era el apetito que tenía por la masturbación. Mientras más veces me masturbaba, más se elevaba mi impulso sexual y más pornografía quería consumir, de modo que un pecado alimentaba al otro en un círculo vicioso que, en aquel tiempo, yo sentía que era ineludible. Los pecados gemelos de pornografía y masturbación están relacionados muy íntimamente, pero de los dos, la masturbación fue lo más difícil de dejar. Incluso después de que finalmente fui libre de la pornografía, me tomó varios años más dejar de masturbarme por completo.

La ironía acerca de este ciclo de pecado que busca placer está en que yo encontraba muy poco placer en ello. Siempre que nos entregamos a cualquier pecado, hay una insensibilidad que comienza a colarse en nuestra alma como una forma espiritual de gangrena que carcome nuestro ser interior. Yo buscaba placer, pero encontraba poco. Era un necio que me aborrecía a mí mismo, buscando momentos fugaces de dicha en lugar de la presencia firme de verdadero gozo y paz.

Como Esaú en el Antiguo Testamento, yo estaba intercambiando las bendiciones que Dios me había dado, para satisfacer pecaminosamente un hambre momentánea. Con cada uno de mis regresos a este pecado encontraba menos placer y más angustia. A pesar de los regresos cada vez menores a mis acciones, me comportaba con la desesperación de un adicto y la desesperanza de un necio. Cuando finalmente recuperé la cordura y me comprometí a aceptar la gracia de Dios y seguir el plan de Dios, aún así siguió siendo un largo viaje hasta que encontré sanidad y liberación completas.

Cuando finalmente fui libre de la pornografía, entendí que mi cerebro había sido cambiado para repetir escenas de pornografía en bucle en mi cabeza. Mis pensamientos eran perseguidos perpetuamente y, durante el periodo de desintoxicación, la masturbación se volvió como una forma de metadona, que es lo que ayuda a los drogadictos a desengancharse de una droga mientras su cuerpo experimenta la desintoxicación. La masturbación era mi metadona. Aunque no veía pornografía, seguía estando infectado. Mi mente y mi cuerpo se habían vuelto interconectados en una complicada red de pecado resultante de años de lujuria.

Incluso todos estos años después, sigo teniendo imágenes de mis viejos y tóxicos pensamientos cuando ciertas imágenes se cuelan en mi cerebro mediante carteles, anuncios televisivos, o escenas subidas de tono e inesperadas en televisión. Es una lucha de toda la vida, y mantenerme lejos de la pornografía y la masturbación es como una forma de sobriedad. Nunca he sido adicto a ninguna sustancia, pero mirando atrás, ahora reconozco que era totalmente adicto y esclavo de esos pecados. Mantenerme libre de ellos sigue requiriendo una vigilancia e intencionalidad constantes.

Si eres una mujer y estás leyendo estas palabras, todo esto podría asombrarte o incluso podrías suponer que mi experiencia era anormal. Aunque algunas mujeres han tenido experiencias que reflejan la mía propia en estas áreas, esto tiende a afectar desproporcionadamente a los hombres. La mayoría de los hombres que lean estas palabras estarán probablemente asintiendo con la cabeza en señal de acuerdo, porque sus experiencias posiblemente fueron parecidas a las mías. En mis días escolares, mis compañeros y yo charlábamos abiertamente sobre masturbación, y una vez incluso hicimos una competición informal para ver quién podía masturbarse más veces en un mes. Yo perdí, y suponiendo que estuviera diciendo la verdad, el chico que ganó lo hizo el doble de veces que yo.

Como un punto muy importante de aclaración, solamente porque la masturbación sea «normal» en que casi todos los muchachos lo hacen, no quiere decir que sea correcta su presencia desenfrenada. Incluso mientras yo estaba atrapado en el ciclo interminable de lujuria y autogratificación mediante la masturbación, sabía que no era correcto. Sabía que Jesús había enseñado que la lujuria era una forma de adulterio, y yo sabía lo que la Biblia decía sobre no tener ni siquiera atisbos de inmoralidad sexual. Aún así, me resultaba fácil justificar mi «pecado menor» a la luz de las alternativas. Pensaba ideas que me justificaban como las siguientes:

Bueno, no estoy teniendo sexo con nadie, de modo que nadie está resultando dañado.

Es mi cuerpo, y sencillamente hago mantenimiento rutinario.

Hay cosas mucho peores que podría hacer. Esto probablemente es incluso saludable.

Algún día tendré una esposa y no necesitaré hacer esto, y mientras tanto, esto es algo que hay que hacer.

Sin duda, todas mis justificaciones eran mentiras huecas dirigidas a ayudarme a sentirme mejor acerca de mi pecado. Yo pensaba que tenía el control, pero no era así. Pensaba que podía mantener los pecados de masturbación y lujuria bien encerrados en un compartimento de mi mente y de mi vida y que nunca impactarían realmente mis relaciones. Estaba equivocado.

Después de un tiempo, la pornografía y la masturbación no eran suficientes para satisfacerme. Aquello me condujo a un mundo de concesiones que nunca pensé que haría. Fui a la universidad habiendo besado solamente a una chica, y jurándome a mí mismo que, además de mi pecado con la lujuria y la masturbación, nunca cruzaría ningún límite sexual con una mujer. Me mantendría completamente «puro» hasta el matrimonio. Estaba ciego a mi propia hipocresía. Mis pensamientos eran vulgares y calificados para adultos, y repetía aquellas imágenes mentales, pero aún así me convencía a mí mismo de que el pecado estaba bajo control. Incluso me elogiaba a mí mismo por mi freno sexual. Era un necio.

En los primeros meses de universidad había comenzado una relación de noviazgo con una joven, y poco después permití que nuestra relación escalara físicamente más allá de mis límites preestablecidos. Comenzó con muchas caricias, pero pronto crucé la línea hacia la masturbación mutua. Yo razonaba: «Bueno, si de todos modos voy a masturbarme, entonces ¿qué daño hay en que alguien lo haga por mí?».

Mi novia era una persona agradable, pero yo sabía que no iba a casarme con ella. Mantenerme en la relación y continuar con el pecado eran una forma íntima de falta de respeto. Yo la estaba utilizando para mi propio placer. Lo justificaba razonando que en realidad no estábamos teniendo sexo, de modo que no era gran cosa, pero sabía que estaba equivocado. Sencillamente no me importaba lo suficiente para dejarlo. Permití que mi conciencia quedara insensible para que mi placer pudiera mejorar, y demostró ser un intercambio muy dañino.

Incluso después de que terminara esa relación y tuviera una oportunidad para comenzar de nuevo, me encontré deslizándome hacia un periodo oscuro de pecado y concesiones. Tuve varios encuentros casuales y una breve relación mientras seguía forzando los límites, y comencé a justificar el sexo oral. Aunque Bill Clinton había argumentado recientemente en la televisión nacional que el sexo oral no era realmente sexo, yo sabía que había cruzado otra inmensa línea. Sabía que los tecnicismos que yo intentaba crear para justificar mi virginidad técnica no impresionaban a Dios. La verdad bíblica siempre triunfa sobre la opinión popular.

Por fortuna, recuperé la cordura y me arrepentí, lo cual es un modo de decir que decidí comenzar de nuevo y dirigirme en una nueva dirección. La gracia de Dios estuvo ahí para guiar el camino. Cuando conocí a Ashley el primer día de mi último año, estaba en un lugar mejor en mi fe del que había estado en mucho tiempo. Quería ser un hombre de integridad y fe genuina que fuera digno de su respeto.

Cuando comenzamos a tener citas nos comprometimos a la pureza sexual, y no cruzamos ninguno de los límites que habíamos establecido. Nuestra noche de boda fue la primera vez que los dos hicimos el acto sexual, que fue un regalo muy especial que pudimos darnos el uno al otro. Estoy muy agradecido por la decisión que tomamos de honrar a Dios en nuestra relación, pero aún siento lamento por las concesiones que hice y los pecados que justifiqué antes de que Ashley y yo nos conociéramos. Me gustaría poder regresar en el tiempo y decirle lo siguiente a mi yo más joven: nunca cambies el placer temporal por el lamento permanente.

Pocos años después de casarnos volví a recaer en el ciclo de la pornografía y la masturbación. Las oleadas de vergüenza y disgusto que sentí cuando volví a caer en este pozo de pecado fueron abrumadoras. La gracia de Dios y la gracia de Ashley, además de rendir cuentas, algo muy necesario, me ayudaron a romper el ciclo de una vez por todas, pero aún quedo devastado al saber el dolor que causé a mi preciosa esposa debido a mi pecado egoísta.

Cuando vuelvo a pensar en el dolor que he causado a Ashley y la falta de respeto que he mostrado hacia otras mujeres, eso me motiva a implementar algo que llamo respeto retroactivo. No puedo construir una máquina del tiempo para regresar al pasado y deshacer mis pecados, pero puedo hacer algo proactivo que honre a las mujeres en mi pasado, presente y futuro. Puedo buscar oportunidades diariamente para aprender del pasado y decidir ser más intencional a la hora de mostrar respeto cada día. También puedo enseñar estas lecciones a mis hijos, y tú puedes hacer lo mismo con los tuyos.

Quizá requiera algunas confesiones incómodas por tu parte, como las que acabo de compartir contigo, pero haz lo que sea necesario para ayudar a tus hijos a tomar decisiones sabias, especialmente en lo referente a la pureza sexual. Enséñales que pecados como lujuria y masturbación, que parecen tan fáciles de justificar, conducirán siempre a pecados más destructivos si se les permite continuar. Ningún pecado es inocuo.

El pecado nunca se queda en el compartimento que construimos para él. Las fantasías sexuales que repites en tu cerebro no pueden mantenerse en tu mente para siempre sin impactar otros aspectos de tu vida. La Biblia nos dice que cual es su pensamiento en su corazón, tal es él (Proverbios 23.7). En otras palabras, nuestra vida pensante dará forma a nuestra vida real. Nuestros pensamientos crean el mapa de ruta para nuestras vidas y nuestras relaciones. Todo lo que hacemos, sea bueno o malo, comienza en la mente mucho antes de ser ejecutado.

Cuando el apóstol Pablo alentó a la iglesia filipense: «Piensen en cosas excelentes y dignas de alabanza» (Filipenses 4.8), estaba hablando de mucho más que el poder del pensamiento positivo. Les estaba recordando, y a nosotros también, que los frentes de la guerra espiritual existen entre nuestros oídos. El cerebro es el órgano sexual más poderoso de todos.

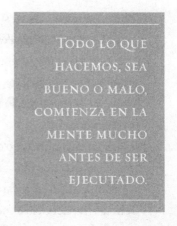

TODO LO QUE HACEMOS, SEA BUENO O MALO, COMIENZA EN LA MENTE MUCHO ANTES DE SER EJECUTADO.

LA MENTE: EL ÓRGANO SEXUAL HUMANO MÁS PODEROSO

Mientras leía, investigaba, examinaba mi alma y oraba sobre qué necesitaba incluir en este libro, entendí rápidamente que no tenía que enfocarme solamente en lo que los niños hacían con sus penes, sino que también necesitaba enfocarme en lo que está sucediendo en sus mentes. El respeto o la falta de respeto hacia las mujeres comienza con pensamientos. El freno sexual o el pecado sexual comienza en la mente. Romper malos hábitos y comenzar hábitos saludables comienza todo ello en la mente. Mientras más entendamos lo que los niños piensan y sienten, más capaces seremos de ayudarlos a tomar decisiones sabias y saludables.

Yo no soy psicólogo ni tampoco neurocientífico, de modo que sabía que necesitaba cierto respaldo en este aspecto del libro. Parte de mi investigación incluyó una entrevista con mi buena amiga Shaunti Feldhahn, que es autora de éxitos de venta y una brillante investigadora sobre temas relacionados con las relaciones humanas. Ella y su esposo Jeff son citados en este libro, y su investigación y sus perspectivas me han ayudado tremendamente.

Shaunti compartió conmigo algunas perspectivas brillantes y que dan que pensar sobre las diferencias en el proceso de pensamiento de los varones y las mujeres, y cómo esas diferencias impactan la conducta de los chicos. Habló conmigo de investigación neurológica de vanguardia que mostraba diferencias en los escáneres cerebrales masculinos y los femeninos en los que se mostraba a personas imágenes de una persona atractiva del sexo contrario. Partes totalmente diferentes del cerebro se iluminaban en el escáner según el género.

Resumiré las ideas de Shaunti en términos de una persona laica, pero puedes ver toda la amplitud de su investigación pionera en su libro, escrito en conjunto con mi amigo Craig Gross. Se titula *A través de los ojos del hombre: una ayuda para que la mujer entienda la naturaleza visual de los hombres*.[1]

Shaunti explicaba que mientras los hombres y las mujeres derivan placer al mirar a una persona atractiva del sexo contrario, y ambos géneros pueden ser tentados por el deseo visual o la pornografía, existen algunas diferencias importantes. El cerebro de la mujer se ilumina en la corteza prefrontal, que es parecido a la estación central del cerebro. Desde allí, ella mantiene el control de lo que desea hacer con esas imágenes. Puede decidir quedarse en ellas o descartarlas, pero el proceso es lógico y normalmente ella se siente empoderada para hacer lo que desee con esas imágenes mentales.

Para hombres y niños, el proceso es completamente diferente. Cuando la imagen de una mujer atractiva o cualquier otra imagen de tinte sexual entra en su cerebro, no comienza en la corteza prefrontal. Ilumina la base de su cerebro, lo cual desencadena una reacción más primitiva, y para él puede parecer una guerra mental intentar sacar de su mente esas imágenes o pensamientos antes de comenzar a reproducirlas como un bucle sexualizado en su cerebro.

Este proceso quizá sea diferente para los hombres, pero eso no significa que los hombres no tengan poder alguno contra sus pensamientos. Simplemente significa que los hombres, por lo general, tendrán que ser más vigilantes con respecto a las imágenes sexualizadas y más intencionales sobre renovar su mente. Como dijo Martín Lutero: «No puedes evitar que un pájaro vuele por encima de tu cabeza, pero puedes evitar que construya un nido en tu cabello».

Lutero estaba hablando de nuestra vida pensante. No siempre podemos controlar qué pensamientos o imágenes pasan por nuestro cerebro, pero incluso aunque pudieran causar tentación, podemos escoger qué pensamientos e imágenes permitimos que se queden ahí.

Max Lucado compartió una analogía similar en su libro éxito de ventas *Ansiosos por nada*. Empleó la analogía de que nuestra mente es un aeropuerto, y los aviones representan todos los distintos pensamientos, imágenes y preocupaciones que vienen y van en todo momento. Retó al lector a darse cuenta de que tenemos el poder como el controlador de tráfico aéreo de nuestra mente. En última instancia somos nosotros quienes determinamos qué pensamientos «aterrizan» y los que se van volando.[2]

Dios sin duda nos ha dado un gran poder en nuestra mente, y en su sabiduría también creó diferencias únicas en el modo en que hombres y mujeres procesan las cosas. Mientras que estas diferencias son en última instancia algo bueno, pueden crear falta de respeto no intencionada y mala comunicación cuando varones y mujeres no son conscientes de que existen estas diferencias.

Algunos conceptos erróneos se relacionan directamente con las diferentes maneras en que varones y mujeres procesan imágenes del sexo contrario. En su libro *For Young Men Only* [Solo para varones jóvenes], Jeff Feldhahn realizó cientos de entrevistas a chicos y chicas adolescentes. Descubrió que cuando las chicas vestían ropa ajustada, la mayoría de los chicos suponían que lo hacían intencionadamente para invitar avances sexuales o para inducir fantasías sexuales en los chicos que las miraban. Los chicos suponían que las chicas sabían que ellos mirarían cualquier piel descubierta o ropa muy ajustada en términos sexualizados y, por lo tanto, las chicas debían querer ser vistas mediante unos lentes con tintes sexuales.

Cuando Jeff entrevistó a las chicas sobre el mismo tema, la mayoría de ellas quedaron horrorizadas y asombradas de que los chicos pensaran de ese modo. La mayoría de las chicas decían que escogían su ropa basándose principalmente en lo que estaba de moda, y nunca se les ocurría que los chicos las miraran a ellas o su ropa de una manera sexual. La mayoría de las chicas quedaron asqueadas por la idea de que los chicos pensaran en ellas como objetos de deseo durante la masturbación. De hecho, solamente el cuatro por ciento de las chicas reportó escoger su ropa con el motivo de atraer atención sexual de parte de los chicos, mientras que el noventa por ciento de los chicos pensaba que las chicas se vestían para atraer la atención sexual. Este es uno de los muchos ejemplos de cómo las percepciones erróneas pueden causar una tensión y falta de respeto no intencionales.[3]

Solamente para ser claro, no es apropiado que un chico mire como un objeto a una chica, independientemente de lo que ella lleve puesto, incluso si está entre el cuatro por ciento que se viste provocativamente como un intento intencional de obtener atención sexual. No voy a meterme en el campo de minas del debate sobre cómo deberían vestirse las chicas o lo que deberían estar haciendo de forma distinta para crear una dinámica saludable en las relaciones entre ambos géneros. Esos son temas para otro libro escrito por otro autor. El único comentario que compartiré es que la mayoría de las chicas y las mujeres pensarían sobre sus armarios de manera diferente si supieran plenamente lo que está sucediendo en el cerebro masculino.

Puede que los varones tengan integrada una tentación sexual a desear, pero aunque la tentación pudiera ser inevitable, el deseo siempre es opcional. En *A través de los ojos del hombre*, Shaunti resumió muy bien este concepto al afirmar: «Aunque la neurociencia muestra que la primera reacción es instintiva y biológica en lugar de ser voluntaria, el paso siguiente es siempre una decisión».[4]

Gran parte de la lujuria, mala comunicación y mensajes no intencionales que las chicas envían a los chicos y viceversa resultan de estándares poco claros o preguntas no expresadas. ¿Qué podemos hacer nosotros como padres para aportar claridad? Necesitamos entender la realidad de la situación. En primer lugar, los chicos están peleando contra hormonas descontroladas, una tentación visual constante, y guerra mental por cómo deberían responder. En segundo lugar, la mayoría de los chicos tienen el concepto erróneo de que las chicas quieren ser los objetos de sus fantasías sexuales o su atención sexual simplemente por el modo en que se visten. En tercer lugar, los chicos necesitan saber que nunca es apropiado ni respetuoso sexualizar ni convertir en objeto a una chica por ninguna razón, independientemente de lo que lleve puesto esa chica.

Nuestros hijos también necesitan saber que pueden ganar esta batalla. Deben ganar esta batalla. No pueden poner excusas. También deben saber que tú, como mamá o papá, eres un lugar seguro donde ellos pueden plantear preguntas. Sé que esas conversaciones pueden ser incómodas, confusas y aterradoras, pero eso es parte de ser papá o mamá. Sé un lugar seguro para tu niño.

La mayoría de nuestros hijos se sienten secretamente impotentes en cuanto a sus pensamientos sexuales, y la idea de esperar hasta el matrimonio para tener una salida saludable para su energía sexual parece imposible. Una de nuestras tareas más importantes como padres es ayudarlos a encontrar la valentía, la fuerza y la creencia en que Dios les ha dado el poder para hacer lo que parece imposible. Necesitan que se les recuerde que todo lo pueden por medio de Cristo que los fortalece (Filipenses 4.13).

EL PODER PARA HACER COSAS DIFÍCILES

Ashley compró recientemente una conferencia en video en línea para nuestros hijos mayores. La conferencia se titula «Haz cosas difíciles», y la enseñan los hermanos gemelos Alex y Brett Harris, quienes eran aún adolescentes en el momento en que se grabó el video. Estos hermanos emprendedores también escribieron un libro éxito de ventas con el mismo título.[5]

Nuestros hijos Cooper y Connor se quejaron cuando encendimos la computadora portátil y comenzamos los videos. Ellos preferían jugar Fortnite, pero les dijimos que esos videos valían la pena. Cuando la enseñanza llevaba cinco minutos, mis hijos habían dejado de estar inquietos y quejándose, y estaban cautivados por lo que estaban aprendiendo.

En el video, los gemelos adolescentes compartían ante un auditorio lleno de miles de otros adolescentes. Los hermanos hablaban sobre las bajas expectativas de nuestra cultura para los adolescentes, y cómo esas bajas expectativas de una edad madura demorada eran un claro contraste con las expectativas de generaciones anteriores. Compartieron historias inspiradoras de hombres y mujeres jóvenes del pasado que habían liderado grandes movimientos en sus años de adolescencia, y después retaron a quienes veían a que hicieran lo mismo. En lugar de rebelarse contra las normas o contra sus padres, los adolescentes fueron retados a rebelarse contra la cultura de sentirse con derechos, apatía y pereza.

Yo peleaba con el deseo de ponerme de pie y vitorear, pero mantuve la compostura y permanecí calmado. Cada pocos minutos preguntaba a los chicos lo que pensaban. Ellos normalmente me dan una respuesta genérica y enlatada, pero yo podía ver que estaban prestando atención.

Les permití ver los videos posteriores por sí solos. Cada día hacemos que nuestros hijos mayores caminen sobre una cinta andadora si no han hecho ninguna otra forma de ejercicio. La cinta andadora les permite ver videos o incluso charlar con amigos por teléfono mientras se están moviendo. Ellos caminaban mientras veían el contenido de «Haz cosas difíciles», y a medida que sus corazones bombeaban más rápido con el ejercicio, sus mentes también se estaban empapando del conocimiento.

De todas las historias y principios compartidos en los videos, una destacó para los dos. Los gemelos explicaban cómo se doman y se entrenan los elefantes para trabajar en India. Un elefante totalmente maduro tiene la capacidad para tumbar un árbol alto con su fuerza bruta, pero el elefante no resistirá cuando es atado con una sencilla cuerda. El animal tirará la toalla ante la primera señal de resistencia.

La razón por la que el elefante no se liberará de una cuerda es porque cuando el elefante era un bebé, el entrenador ataba su pata con grandes cadenas y grilletes incómodos. El bebé elefante peleaba y se esforzaba hasta que los grilletes le cortaban la piel y le causaban gran dolor. Finalmente, dejaba de luchar contra la cadena. A medida que pasaba el tiempo y el elefante dejaba de pelear, la cadena era sustituida por una cuerda fina, pero él seguía sin pelear.

Incluso cuando el elefante crecía y se hacía adulto y tenía la fuerza para levantar troncos pesados con su trompa o arrastrar toneladas de peso con su enorme fuerza, seguía sintiéndose indefenso contra la cuerda. En su mente simple, creía que debía abandonar ante la primera señal de resistencia porque en el pasado no había podido ser libre. El elefante no tenía concepto alguno de la fuerza que poseía, y por eso podía ser controlado fácilmente por algo mucho más débil que él mismo. Permanecía atado de por vida simplemente porque no conocía su propia fuerza.

Me encanta la metáfora de esos elefantes, porque tiene aplicación en muchas áreas de la vida. Los niños están creciendo en un mundo que les enseña a abandonar ante la primera señal de resistencia. Tienen recuerdos gráficos de veces en que han intentado ser libres de algo y no han sido capaces de cambiar su situación. Tus hijos, como tú y yo, son tentados a abandonar en cuanto la vida se pone difícil.

En cuanto al tema de la lujuria y la masturbación, tu niño quizá ha abandonado y se ha resignado al mito de que no tiene poder alguno sobre su situación. Yo estuve en ese mismo lugar. Permitía que la «cuerda» de la masturbación me tuviera atado en un ciclo de lujuria y autogratificación parecido al de un esclavo. En el pasado no había podido ser libre por medio de mi propia fuerza de voluntad, de modo que con vergüenza y derrota creía que siempre estaría atado.

Quizá tú te sientas inadecuado para ayudar a tu niño a solucionar los problemas que está enfrentando, o incluso mantener la conversación te aterra, pero eres más fuerte de lo que crees que eres. Tú puedes hacer cosas difíciles.

Quizá tu hijo se siente impotente para ser libre de la atadura de la lujuria y la masturbación, pero él es más fuerte de lo que cree. No solo puede hacer cosas difíciles, sino que también tiene a su disposición un poder que es incluso mayor que la potente fuerza del elefante. Tú también tienes ese mismo poder a tu disposición.

Tenemos más fuerza de la que pensamos, pero nuestra fuerza por sí sola nunca será suficiente. Por fortuna, nuestra fuerza por sí sola nunca tiene que ser suficiente. Jesús mismo quiere pelear esta batalla con nosotros y por nosotros. Él está esperando la invitación.

Orar por fortaleza en áreas como la masturbación podría parecer extraño, pero ninguna conversación con Dios debería sentirse nunca extraña. Nuestro Padre celestial ya ve nuestras luchas y defectos, y nunca queda asombrado o sorprendido por nuestros pecados. Él quiere darnos perdón y la oportunidad de un nuevo comienzo.

Ten la valentía de hablar con claridad con tu niño acerca de estos problemas. No lo avergüences; escúchalo, y permítele compartir sus luchas. Si él no se abre, prosigue con el tema. Si aún así no quiere abrirse, entonces comparte tu corazón y tu guía.

Si no sabes qué decir, podrías comenzar charlando sobre el hecho de que cualquier cosa que alimentamos se hace más grande. Cuando alimentamos nuestro cuerpo en exceso, nuestro cuerpo se hace más grande. Cuando alimentamos nuestra cuenta bancaria con depósitos financieros, nuestro balance se hace más grande. Cuando alimentamos nuestros pensamientos de lujuria con una dieta constante de deseo y autogratificación, nuestros deseos se harán más grandes y finalmente darán a luz expresiones de deseo poco sanas.

Reta a tu niño a considerar atentamente qué está alimentando. ¿Está alimentando su mente y su alma con la verdad de la Palabra de Dios? Mientras más de las Escrituras pongamos en nuestra mente, más estaremos guardando nuestros corazones de desviarnos del camino. La Biblia dice: «He guardado tu palabra en mi corazón, para no pecar contra ti» (Salmos 119.11).

Si no estamos alimentando nuestra mente con una dieta regular de la Palabra de Dios viva, no tendremos ningún apetito por ella. Si alimentamos nuestra mente con una dieta de pensamientos lujuriosos que se repiten según demanda, nuestros apetitos serán impulsados por la lujuria. Tu niño seguirá teniendo un fuerte impulso sexual incluso si está haciendo todo lo correcto y peleando duro para proteger sus pensamientos, pero si alimenta su mente con las cosas correctas, la pelea por la pureza es una pelea que puede ganar. No tiene que estar atado por la cuerda de la lujuria cuando tiene la fuerza para ser libre.

Si tu niño está creyendo la mentira de que debe masturbarse para mantener su cuerpo, necesita que le recuerden que no hay ninguna justificación aceptable para el pecado. La lujuria es pecado, y es casi seguro que se produce lujuria en la mente durante la masturbación. Si el cuerpo necesita liberar semen, Dios ha creado cierto tipo de válvula de liberación incorporada. Se llama emisión nocturna, o «sueño mojado». Dios nunca nos pone en una posición donde nuestra única opción sea pecar. Siempre tenemos la opción de refrenarnos.

Aunque tu niño necesita saber la verdad sobre el pecado sexual, nunca debería sentirse pervertido, sucio o extraño por tener fuertes deseos de sexo. Tu niño nunca debería sentirse avergonzado por sentirse atraído hacia las chicas o por sentir fuertes deseos por ellas. Ese es un deseo saludable que viene de Dios, pero expresado en el momento equivocado o de la manera equivocada ese deseo puede sabotear la verdadera intimidad y convertir el respeto por las mujeres en objetificación de las mujeres.

Mientras escribo estas palabras estoy sentado de nuevo en el cuarto de mi hijo Chatham, de tres años de edad, viéndolo cómo se queda dormido lentamente. Tras el largo y arduo proceso de conseguir que llegue a este punto con múltiples interrupciones para ir al baño, un mal cepillado de sus dientes, cuentos en la cama, oración, un vaso de agua de último momento, y miles de otras distracciones para posponer el irse a la cama, finalmente está tumbado y en paz. Ver cómo se queda dormido es la parte más pacífica de mi día.

> AUNQUE TU NIÑO NECESITA SABER LA VERDAD SOBRE EL PECADO SEXUAL, NUNCA DEBERÍA SENTIRSE PERVERTIDO, SUCIO O EXTRAÑO POR TENER FUERTES DESEOS DE SEXO.

Igual que sus hermanos mayores, Chatham crecerá en un mundo lleno de imágenes con carga sexual, tentación por todas partes, y mentalidades quebradas en relación con la sexualidad. En este momento él es muy inocente y no está manchado por la lujuria que algún día encontrará. Parte de mí quiere protegerlo en este cuarto lleno de canciones de cuna y peluches, y de algún modo preservar su inocencia al no permitirle que encuentre la tentación, pero sé que eso no es práctico.

En cambio, quiero tener un tipo de relación con él y con todos mis hijos preciosos para que sepan que pueden hablar conmigo de cualquier cosa. Quiero que sepan que estoy aquí para ellos, y que los amaré incondicionalmente a pesar de cuánto hayan metido la pata. También quiero que sepan que los amo demasiado como para permitirles pecar. Quiero que rindan cuentas. Quiero proporcionar respuestas. Quiero darles todo lo que necesiten, pero también sé que yo me quedaré corto a veces.

Aparte de todo lo que quiero para ellos, quiero que sepan que hay un Padre perfecto que los ama incluso más que yo, y que estará a su lado de maneras en que yo no puedo hacerlo. Quiero que mis hijos amen y sigan a Jesús. Él es quien enfrentó toda tentación, pero sin pecado. Él es quien miraba a las mujeres con todo el respeto y nunca con lujuria o condenación en su mirada. Él es quien puede perdonar y restaurar cuando nuestros propios actos han causado promesas rotas y corazones rotos.

En palabras de las mujeres

«Quiero casarme con un chico que me mire del modo en que mi papá mira a mi mamá. Él la mira como si ella fuera la mujer más hermosa del mundo. Hay algo muy puro y poderoso en ello. Muchos muchachos miran a las chicas como si fueran objetos desechables para su propio placer. Yo no me conformaría con eso. Ninguna mujer debería conformarse con eso».

—MORGAN E. (16 AÑOS)

«Mi esposo finalmente abandonó la pornografía, pero su hábito de masturbación continúa. Aunque no ve activamente pornografía, todas esas imágenes en su mente están a su disposición en todo momento, y se dará placer a sí mismo siempre que tenga ganas. Siempre que yo tengo el ánimo y quiero iniciar el sexo, él no tiene ánimos porque ya se ha masturbado. Me hace sentir fea y rechazada. Se siente como una forma de infidelidad. Realmente está dañando nuestro matrimonio, pero él no cree que sea gran cosa porque lo ha estado haciendo desde que estaba en la secundaria».

—SUSIE B. (45 AÑOS)

CAPÍTULO 8

EL MODELO DE MATRIMONIO

Si un hombre ama el alma de una mujer, terminará amando a una sola mujer, pero si solamente ama el cuerpo o la cara de una mujer, entonces todas las mujeres del mundo no lo satisfarán.

—ANÓNIMO

S i estuvieras familiarizado con cualquiera de mis trabajos anteriores a este libro, probablemente conectarías conmigo mediante mis escritos y conferencias sobre el matrimonio. Ashley y yo tenemos pasión por ayudar a edificar matrimonios fuertes, porque creemos que matrimonios más fuertes crean familias más fuertes, y las familias más fuertes crean un mundo mejor para generaciones futuras. También estamos convencidos de que el modo en que enfocamos el matrimonio tiene un impacto masivo en el modo en que nuestros hijos aprenden a respetarse a sí mismos y a los demás.

La mayor parte de este libro está enfocada en las lecciones que nosotros como padres y madres necesitamos enseñar a nuestros hijos, pero este capítulo identificará los principios relacionales que necesitamos modelar para nuestros hijos. Un capítulo enfocado en el matrimonio en mitad de un libro sobre criar niños podría parecer fuera de lugar, pero yo argumentaría que podría ser uno de los capítulos más importantes en este libro. Para aquellos de ustedes que están casados, su matrimonio es el ejemplo más importante de amor y respeto entre un hombre y una mujer que sus hijos verán jamás. Mediante su ejemplo diario están mostrando a sus hijos cómo se debería tratar a las mujeres, y están mostrando a sus hijas lo que ellas deberían esperar de los hombres.

Para aquellos que no están casados, en primer lugar, me quito el sombrero ante ti como alguien que está abordando la tarea más difícil del planeta. Tu trabajo como padre o madre soltero es arduo, pero tu inversión en la vida de tu niño sin duda alguna está marcando un impacto profundo. Además de todo el trabajo que estás haciendo y el peso que llevas sobre tus hombros, también estás sacando tiempo para leer este libro simplemente para ser un mejor papá o mamá y para criar un niño más respetuoso. Quizá no te conozco personalmente, pero por favor has de saber que siento el mayor respeto por ti.

Quiero hablar de los principios y las prácticas que producirán más paz en tu hogar y en todas tus relaciones. Las historias y lecciones que estaré compartiendo aquí estarán principalmente dentro del contexto de la relación matrimonial, pero estos mismos principios te ayudarán a prosperar en otras relaciones, incluida la relación con tus hijos. Todo comienza con crear una atmósfera de paz en el hogar.

EL TORNADO MATRIMONIAL F5

¿Has tenido la sensación alguna vez de que tu matrimonio estaba atascado en un ciclo de negatividad? Sin tener intención de hacerlo, tu cónyuge y tú siguen cayendo en la misma rutina de negatividad y crítica, y no estás seguro de cómo salir de todo eso. Creo que la mayoría de los matrimonios, si no todos, han experimentado esto en una ocasión u otra. Este ciclo de negatividad puede crear sentimientos de desesperación y desesperanza, y también puede amenazar con modelar los ejemplos relacionales equivocados para nuestros hijos. El respeto es una de las primeras bajas cuando un tono negativo inunda el hogar.

La mayoría de los matrimonios experimentan periodos con tormentas de frustración o conflicto, pero cuando estos periodos se convierten en la norma, la supervivencia del matrimonio está en riesgo. Hay muchos factores que conducen a este ciclo negativo. Puede ser puesto en movimiento por el estrés, el agotamiento, una mala comunicación, o multitud de otras cosas. Cómo comienza no es tan importante como saber cómo salir de ello, porque si permites que continúe el ciclo negativo puedes devastar tu matrimonio y enseñar a tus hijos lecciones poco sanas que podrían sabotear sus futuras relaciones de noviazgo y sus matrimonios.

Me gusta referirme a este ciclo negativo como el tornado matrimonial F5. Mi conocimiento sobre los tornados está limitado a lo que aprendí de la clásica película de la década de los noventa titulada *Tornado* (¿soy solamente yo, o las películas eran mucho mejores en los noventa?). Recuerdo que la película enseñaba que un tornado F5 es la tormenta más potente de la tierra. Cuando estás en el centro de un tornado matrimonial F5, sin duda alguna puede sentirse como la tormenta más potente en tu vida.

Así es como funciona: hay cinco factores en esta tormenta de conflicto matrimonial, y casi todos ellos comienzan con la letra *F* (de ahí la referencia a F5). Cada uno de estos factores conduce en un círculo al siguiente en la lista, y con cada rotación de los cinco, la tormenta aumenta en ferocidad. Quizá seas alguien que aprende de modo visual como yo, de modo que echa un vistazo a esta sencilla gráfica que explica el tornado matrimonial F5, y entonces desarrollaré cómo funciona.

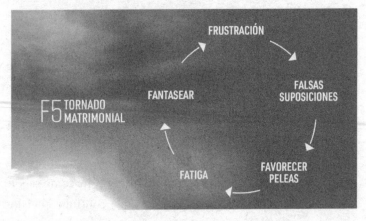

La tormenta comienza siempre con frustración. Todos tenemos tendencia a la frustración algunas veces. Esas frustraciones podrían no tener nada que ver con tu cónyuge, pero el modo en que lidies con la frustración puede tener un impacto tremendo en cómo te comunicas con tu cónyuge. Cuando estás atrapado en esta tormenta, la frustración siempre conduce a falsas suposiciones.

Las falsas suposiciones ocurren cuando crees mentiras que te dicen que tu cónyuge está contra ti o que a tu cónyuge no le importa el problema tanto como a ti. Cuando estas falsas suposiciones se desarrollan, inevitablemente conducen a favorecer peleas, las cuales pueden convertirse en una guerra de palabras o una guerra de disparos verbales dirigidos a hacerse daño el uno al otro.

Las peleas finalmente conducen a la fatiga, y esto es peligroso porque tendemos a tomar nuestras peores decisiones cuando estamos cansados. La fatiga nubla nuestra visión y evita que veamos la situación con claridad. La fatiga también nos hace susceptibles al quinto paso en este ciclón, que es fantasear. Cuando nos cansamos de todo el ciclo, podemos caer en la trampa tóxica de la fantasía en forma de escapar a la pornografía o las novelas románticas, o buscar viejas llamas en las redes sociales o simplemente imaginar una vida mejor sin nuestro cónyuge.

Este proceso te conducirá de nuevo al comienzo de la tormenta, pero con más frustración, y el ciclo sigue repitiéndose hasta que uno o ambos cónyuges dan la espalda al matrimonio o deciden pelear por la paz.

Si te encuentras en esta tormenta que ha sido el final de demasiados matrimonios, por favor no abandones. Por favor, no creas el mito de que tu matrimonio estará siempre atrapado en este ciclo agotador de negatividad y conflicto. Tú tienes el poder para establecer la paz. La tormenta F5 tiene una solución F5. Así es como funciona:

El Plan de paz matrimonial F5 comienza con frustración. Como dije antes, la frustración es una parte inevitable de la vida y del matrimonio, pero no tienes que permitir que la frustración te conduzca al ciclo de la tormenta. En el plan de paz, en el momento en que sientes frustración rompes el ciclo negativo decidiendo perdonar. Decide soltar cualquier rencor o animosidad que estés cargando. No sabemos quién lo dijo primero, pero es cierto que «guardar rencor es como beber veneno y después esperar que la otra persona muera».

Los rencores y mantener un registro de faltas envenenan tu matrimonio. Decide perdonar, y sigue adelante con gracia. Este es el primer paso y el más importante para encontrar una paz verdadera y duradera en tu matrimonio, y en la vida en general.

Después de perdonar, sigue el sabio consejo del apóstol Pablo y fija tus pensamientos en lo bueno (Filipenses 4.8). No permitas que tu mente se fije en lo negativo. Cualquier cosa que capte tu enfoque parecerá más grande, de modo que asegúrate de enfocarte en cosas buenas. Si estás buscando los fallos de tu cónyuge, eso es lo único que verás, pero si buscas lo bueno, comenzarás a verlo.

Fijar tus pensamientos en lo positivo debería ser un recordatorio constante para progresar hacia el paso siguiente, que es enfocarte en las promesas de Dios. Recuerda que Dios está contigo y que Él es mayor que cualquier pelea que estés enfrentando. Sus promesas son verdad y también son fiables. Sumérgete en la Palabra de Dios, y decide confiar en que Dios tiene el control incluso cuando la vida es difícil.

A medida que hagas estas cosas, descubrirás una renovación mental y espiritual que conduce al último paso, que es encontrar paz. La verdadera paz se encuentra en el Príncipe de paz. Cuando Cristo es el centro de tus pensamientos, Él siempre llevará más paz a tu perspectiva. Él quiere llevar más paz a tu corazón, tu hogar y tu matrimonio.

Me encanta este sencillo plan de paz por muchas razones, pero una de las razones más prácticas es que no necesitas que tu cónyuge participe junto contigo para hacerlo. No tienes que quedarte atascado en el cínico ciclo de excusas que dice: «Bueno, si mi esposo (esposa) hiciera su parte, entonces el matrimonio sería estupendo».

Nunca es tarea tuya enderezar o cambiar a tu cónyuge. Tu tarea es amar y respetar a tu cónyuge y confiar en que Dios hará el resto.

> NUNCA ES TAREA TUYA ENDEREZAR O CAMBIAR A TU CÓNYUGE. TU TAREA ES AMAR Y RESPETAR A TU CÓNYUGE Y CONFIAR EN QUE DIOS HARA EL RESTO.

Si sigues este plan de paz, incluso si tu cónyuge actualmente no te acompaña en el proceso de paz, descubrirás que Dios comenzará a producir más paz en tu hogar. Tu ejemplo será finalmente un factor importante para producir un cambio de corazón también en tu cónyuge.

Decide ser el primero en detener la pelea. Niégate a seguir viviendo en el ojo de un tornado matrimonial F5 cuando la paz está a tu alcance. Confía en que el Príncipe de paz calmará las tormentas, y él lo hará. Este plan puede mejorar radicalmente tu matrimonio, pero también ayudará a tus otras relaciones. Al producir más paz en tu hogar, también estarás estableciendo un ejemplo saludable para tus hijos, y tendrás más energía e inspiración para ser el tipo de papá o mamá que quieres ser. La paz es el terreno donde el respeto puede echar raíces. Cuando escoges la paz en tu hogar, el respeto puede desarrollarse para todos los que están bajo tu techo, comenzando con tu cónyuge.

CUANDO TU CÓNYUGE NO COMPARTE TU FE

Como ya has descubierto, este libro está escrito desde una cosmovisión y perspectiva cristianas. Yo soy un cristiano muy imperfecto, pero mi fe guía mi vida y es la lente mediante la cual veo el mundo que me rodea y mi propio lugar dentro de él. Mi esposa me inspira con su fe y amor por Jesús. Nuestra fe compartida es el fundamento de nuestro matrimonio, y nos mantiene enfocados en la misma dirección con nuestras decisiones sobre la educación de nuestros hijos y todos los demás aspectos de nuestra vida.

Sé que no todas las parejas tienen el beneficio de una fe compartida. Cuando uno de los cónyuges es cristiano y el otro no lo es, o cuando ambos cónyuges están en lugares muy distintos en sus propios viajes de fe, eso puede causar tensiones. Diferentes creencias o cosmovisiones pueden complicar las lecciones de educación que he bosquejado en este libro y crear confusión y estrés dentro del hogar. Si estás en una tormenta como el tornado matrimonial F5 que acabo de describir, o si tu cónyuge y tú tienen perspectivas muy distintas sobre la educación de los hijos debido a diferentes creencias o cosmovisiones, quiero darte algunas pautas prácticas.

Recientemente tuve la oportunidad de conocer a uno de mis autores favoritos: Lee Strobel. Él ha escrito decenas de libros sobre la fe cristiana, incluido el éxito de ventas *El caso de Cristo*, que recientemente fue llevado a la gran pantalla. El libro relata la historia extraordinaria de la vida de Lee y su matrimonio. Lee era ateo y un exitoso periodista cuando su esposa, Leslie, encontró una iglesia y se hizo cristiana. Lee pensó que ella se había vuelto loca, de modo que utilizó sus habilidades como periodista para investigar la fe cristiana e intentar desaprobarla. No fue exactamente un acto motivado por el respeto hacia ella, pero en cambio lo que sucedió fue que los hechos que él descubrió lo convencieron de que Jesús es real y que la Biblia es verdad.

Lee y Leslie batallaron en su matrimonio durante aquellos años turbulentos cuando Leslie seguía sinceramente a Cristo y Lee hacía todo lo que podía para minar su fe. Finalmente, el poderoso testimonio de amor y gracia de Leslie, combinado con la evidencia del cristianismo, condujeron a Lee a entregar su corazón a Cristo y dedicar el resto de su vida al ministerio. Décadas después, Lee y Leslie tienen una maravillosa y sólida colaboración matrimonial en su fe y su ministerio.

Hay muchas parejas que están en la situación que enfrentaron Lee y Leslie. Puede causar un estrés tremendo en un matrimonio cuando uno de los cónyuges tiene una fe en Cristo dedicada y el otro cónyuge no la tiene. En esa situación, ambos enfrentan la vida con brújulas diferentes. Operan desde cosmovisiones diferentes, y eso hace que la unidad en el matrimonio sea una pelea elusiva. Con frecuencia recibimos preguntas de un esposo o esposa desesperados que quieren saber cómo conectar con su cónyuge incrédulo.

El domingo estaba yo charlando con una señora en nuestra iglesia, y con lágrimas en sus ojos comenzó a hablar sobre esas mismas peleas en su matrimonio. Con voz temblorosa me dijo: «Mi matrimonio se está desmoronando. Usted quizá ni siquiera sabría que estoy casada porque mi esposo nunca viene a la iglesia conmigo. Él no es cristiano. Es como si viviéramos en dos planetas diferentes. Nuestros sistemas de valores, creencias y cosmovisiones están a kilómetros de distancia. Mi fe es la parte más importante de mi vida, pero no puedo compartirla con él porque, cuando lo hago, él me acusa de predicarle. Siento que nos estamos alejando cada vez más. Oro por eso cada día y hago todo lo que puedo para mejorar nuestra relación, pero nada parece estar funcionando. ¿Qué debería hacer?».

He estado trabajando con parejas casadas por mucho tiempo y, como pastor, uno de los mayores retos matrimoniales que oigo de personas dentro de la iglesia es el mismo reto que enfrenta esta mujer. Dios sabía que este escenario podría crear mucho sufrimiento, de modo que da advertencias explícitas en las Escrituras para que el creyente no se case con un incrédulo. Sin importar cuánta química y compatibilidad podrías pensar que tienes con alguien, si uno de ustedes es cristiano y el otro no lo es, no te cases. Los mandamientos de Dios son siempre para nuestra protección.

Si ya estás casado, no puedes construir una máquina del tiempo, de modo que las instrucciones de la Biblia sobre con quién casarte o no casarte no se aplican en este caso. La Biblia tiene instrucciones muy específicas para este escenario:

Ahora, me dirigiré al resto de ustedes, aunque no tengo un mandato directo del Señor. Si un creyente está casado con una mujer que no es creyente y ella está dispuesta a seguir viviendo con él, no debe abandonarla. Y, si una creyente tiene un esposo que no es creyente y él está dispuesto a seguir viviendo con ella, no debe abandonarlo. Pues la esposa creyente da santidad a su matrimonio, y el esposo creyente da santidad al suyo. De otro modo, sus hijos no serían santos, pero ahora son santos. (En cambio, si el esposo o la esposa que no es creyente insiste en irse, dejen que se vaya.

En esos casos, el cónyuge creyente ya no está ligado al otro, porque Dios los ha llamado a ustedes a vivir en paz). ¿Acaso ustedes, esposas, no se dan cuenta de que sus maridos podrían ser salvos a causa de ustedes? Y ustedes, esposos, ¿no se dan cuenta de que sus esposas podrían ser salvas a causa de ustedes? (1 Corintios 7.12-16)

A la luz de este pasaje y de todo lo que la Biblia tiene que enseñar sobre el matrimonio, creo que todo cristiano que está casado con un incrédulo debería hacer las siguientes cosas para modelar respeto y amor transformador no solo ante sus hijos sino también para el incrédulo:

1. Fomentar la paz.

El pasaje anterior nos recuerda que somos llamados a vivir en paz (1 Corintios 7.15). En términos prácticos, esto significa que no deberías enredarte en peleas con tu cónyuge. No intentes usar la culpabilidad, la manipulación, o demandas para conseguir que vea las cosas desde tu perspectiva. Jesús dijo: «Dichosos los que trabajan por la paz» (Mateo 5.9, NVI). Esfuérzate por ser quien resuelve el conflicto en tu matrimonio, y no quien lo comienza.

2. Comparte tu fe mediante tus acciones.

Lee Strobel dijo que la vida de su esposa Leslie se convirtió en una de las evidencias más convincentes para el cristianismo. Los «sermones» más poderosos llegan mediante acciones y no solo mediante palabras. Probablemente no vas a convencer a tu esposo o esposa para que se convierta en cristiano, pero el amor y el respeto que muestres mediante tus acciones pueden hacer que tu fe parezca tan atractiva que él o ella podrían llegar a interesarse. Incluso si nunca aceptan a Cristo, tu hogar aún así tendrá más paz y gozo si tú eres un ejemplo cristiano viviente de amor y gracia.

3. No intentes enderezar, cambiar o juzgar a tu cónyuge. Solamente ama a tu cónyuge. El resto es tarea de Dios.

Como cristiano, eres llamado a amar sobre todo lo demás. Recuerda que el amor es paciente y benigno (1 Corintios 13.4), por lo tanto, sé paciente y benigno hacia tu cónyuge. Nunca te pedirán cuentas a ti por las decisiones que tome finalmente tu cónyuge, pero te pedirán cuentas por el modo en que lo amaste. No intentes cambiar a tu cónyuge; solamente ama a tu cónyuge. El amor es la herramienta principal que Dios usa para cambiarnos a todos.

4. Ora y recuerda que Dios te ama, y que también ama a tu cónyuge.

La oración tiene poder, y siempre produce resultados. A veces Dios utiliza la oración para cambiar nuestras circunstancias, y otras veces utiliza la oración simplemente para cambiar nuestra perspectiva acerca de nuestras circunstancias. Ora diariamente por tu cónyuge. Ora por su salvación. Ora para que Dios te ayude a amarlo sin egoísmo. Ora para que Dios te dé fuerzas, gracia y aliento en los días en que te sientas solo en tu matrimonio. Recuerda que Jesús está contigo, y Él nunca te dejará ni te abandonará.

EVITAR «LA TRAMPA DEL COMPAÑERO DE CUARTO»

Uno de los peores ejemplos que podemos enseñar a nuestros hijos es simplemente abandonar y comenzar a vivir como compañeros de cuarto en lugar de vivir como colaboradores, amantes, mejores amigos, y cónyuges totalmente entregados. Cuando nuestros hijos crecen viendo solamente a mamá y papá como compañeros de cuarto o socios de negocios, o incluso como padres que colaboran, les hemos robado el regalo de ver el tipo de matrimonio que hace que se emocionen por estar casados algún día. Estoy convencido de que una de las mayores razones de la indiferencia de los jóvenes adultos hacia el matrimonio es el hecho de que se criaron en hogares donde no vieron modelados matrimonios saludables. Ellos miran a sus propios padres y piensan: *Si eso es el matrimonio, entonces no es para mí.*

Es fácil caer en esto. Ninguna pareja recorre el pasillo hasta el altar e intercambia votos pensando que terminarán algún día con un matrimonio sin vida y sin amor. Aun así, sucede todo el tiempo cuando un matrimonio pasa al modo piloto automático. Ashley y yo recibimos correos electrónicos y mensajes en Facebook cada día de parejas que se sienten atascadas en esta situación y no están seguras de cómo poder salir de ella. Recientemente recibimos un mensaje en Facebook de una esposa que se sentía frustrada, desalentada y desesperanzada en su matrimonio. Parafraseando su mensaje, ella decía:

Ya no sé qué hacer. Mi esposo y yo solíamos ser los mejores amigos. Solíamos estar enamorados. No sé lo que cambió o cuándo cambió, pero ahora tengo la sensación de que somos solamente compañeros de cuarto. Somos solo dos extraños que comparten casa, comparten facturas y comparten hijos, pero eso no es lo que yo quería que fuera nuestro matrimonio. No estoy segura de cómo poder regresar a lo que teníamos antes. No puedo seguir así. ¿Qué puedo hacer? ¡Ayuda!

Su lucha es una lucha que probablemente la mantiene despierta en la noche y hace que sus días sean mucho más difíciles de lo que tenían que ser. Su lucha es trágica, pero no es única. En nuestro trabajo con parejas casadas de todo el mundo hemos visto una tendencia asombrosa de muchos matrimonios que enfrentan luchas similares. Los matrimonios están cayendo en lo que yo denomino «la trampa del compañero de cuarto».

La trampa del compañero de cuarto no es como una trampa para ratones que te atrapa en un instante. Es lenta y metódica como un complicado laberinto. Cuando una pareja entra en el laberinto de la ocupación de la vida (trabajo, hijos, facturas, y otras cosas), pueden encontrarse vagando de un lado a otro y separándose mutuamente. No es una separación intencional; es solamente lo que puede suceder cuando la vida pasa con rapidez.

En el laberinto, una pareja pasa a modo piloto automático. De nuevo, no sucede en un momento, y en raras ocasiones es una decisión intencional el apartarse el uno del otro. Es sutil.

Tras un largo periodo de intentar mantener la cabeza por encima del agua, uno o los dos cónyuges comienzan a observar que el matrimonio no es lo que solía ser. Ya no son los mejores amigos y amantes. Ya no hay risas que llenan el hogar. Ya no hay mucho afecto físico. Se comportan como compañeros de cuarto y nada más.

Si eres uno de los incontables cónyuges que sufren en silencio con este mismo tipo de matrimonio estancado, o si simplemente quieres ser proactivo para evitar que tu matrimonio caiga en la trampa del compañero de cuarto, hay cuatro claves para mejorar tu matrimonio. Cuando se llevan a cabo regularmente, estos sencillos pasos de acción pueden ayudar a que tu matrimonio salga de la trampa del compañero de cuarto y se mantenga fuerte.

1. Busca soluciones en lugar de asignar culpas.

Cuando estás batallando en tu matrimonio o te sientes solo y aislado, es fácil querer asignar culpas al otro. También es fácil culparte a ti mismo. Ninguna de estas opciones es útil. En lugar de culpar, muestra respeto a tu cónyuge comunicándole sobre lo que sientes. Pregunta a tu cónyuge cómo se siente, y comienza a crear algunos pasos orientados a la acción para producir mejora.

2. Haz lo que hacías al comienzo de la relación.

Cuando las parejas me dicen: «Las cosas iban mucho mejor cuando éramos novios», normalmente sonrío y pregunto: «Bueno, entonces ¿por qué dejaron de ser novios?». Intento establecer el punto de que el noviazgo, el romance y la búsqueda que se producen en las primeras etapas de una relación no deberían detenerse solamente porque la pareja se casa. Sin duda, hay retos prácticos cuando llegan los hijos y las facturas, pero también hay hermosas bendiciones en cada periodo del matrimonio. No deberías intentar recrear los primeros tiempos de tu matrimonio, porque los días actuales pueden ser incluso mejores, pero puedes comenzar haciendo algunas de las cosas positivas que hacías al comienzo de la relación, como quedarse hasta tarde para charlar, enviar notas de amor, coquetear el uno con el otro, y multitud de otras maneras para mantenerse conectados.

3. Ora con tu cónyuge, y ora por tu cónyuge.

Estoy convencido de que la oración es uno de los actos más íntimos que puede compartir una pareja casada. Cuando oras por tu cónyuge, eso cambia tu perspectiva sobre tu cónyuge. Los une aún más. Cuando oras con tu cónyuge, simultáneamente te acerca más a Dios y también se acercan el uno al otro. Ningún problema matrimonial es más grande que Dios, y cuando invitas a que la paz de Cristo y la sabiduría del Espíritu Santo estén en tu matrimonio, se produce transformación. Cuando no sabes hacia dónde ir, acude a Jesús, y serás dirigido en la dirección correcta.

4. ¡No abandones!

Vivimos en una cultura que nos enseña a abandonar en el momento en que algo se vuelve difícil o incómodo. Muchas personas parecen más comprometidas con sus dietas, sus pasatiempos o sus rutinas de ejercicio que con sus matrimonios. Cuando tu matrimonio está en un lugar difícil, niégate a abandonar. Superarás esto, y vencer en la lucha hará que tu matrimonio sea incluso más fuerte.

El tema principal que recorre todas las historias y principios de este capítulo es simplemente seguir luchando por tu matrimonio. Peleen el uno por el otro y no el uno contra el otro. Sigan buscándose mutuamente. Sigan amándose y respetándose el uno al otro.

> SUS HIJOS ESTÁN OBSERVANDO CÓMO SE TRATAN USTEDES, Y ESA ES LA LECCIÓN MÁS PROFUNDA SOBRE RELACIONES QUE PODRÍAN ENSEÑARLES.

Sus hijos están observando cómo se tratan ustedes, y esa es la lección más profunda sobre relaciones que podrían enseñarles. Sé intencional, y asegúrate de estar enseñándoles un ejemplo saludable. Ninguno de nosotros es perfecto, pero todos podemos ser saludables.

Si quisieras tener más recursos para ayudarlos a tu cónyuge y a ti a seguir construyendo un matrimonio saludable y un legado de amor y respeto en su hogar, por favor visita nuestra página en www.DaveAndAshleyWillis.com

En palabras de las mujeres

«Mi esposo es muy bueno conmigo. Siempre me siento respetada por él porque me escucha siempre que hablo. Incluso si me pongo emotiva por algo, él nunca descarta mis sentimientos o me menosprecia. Es tierno conmigo, pero nunca de manera condescendiente o despreciativa. Siempre me trata como su compañera y su mejor amiga. Lo amo mucho, y quiero que nuestros hijos crezcan y traten a sus esposas del mismo modo que su papá me trata a mí».

—LACRECIA G. (34 AÑOS)

«La cortesía no ha pasado nunca de moda. Cuando mi esposo me abre la puerta o me entrega su paraguas en un día lluvioso, mi corazón sigue dando un vuelco».

—EDNA V. (76 AÑOS)

«Me siento respetada por mi esposo cuando consulta cosas conmigo por cortesía en lugar de solamente tomar él mismo las decisiones, sin importar cuán grandes o pequeñas sean. Como somos un equipo, me gusta cuando soy tratada con igualdad por parte de los varones, aunque yo sea una mujer».

—DANIELLE H. (26 AÑOS)

CAPÍTULO 9

ENSEÑANDO A TU NIÑO LAS LECCIONES CORRECTAS

E staba sentado ayer en la iglesia escuchando a nuestro pastor predicar un poderoso mensaje sobre la aventura de fe que Dios tiene preparada para cada creyente. Yo sufro un caso, diagnosticado por mí mismo, de TDAH adulto, y por eso algunas veces mis pensamientos y mis ojos divagan alrededor del santuario incluso durante los sermones más convincentes. Este domingo en particular, mis ojos aterrizaron en una escena que no podía creer que estaba viendo. Era asombroso.

Sentado dos filas por delante de mí estaba un muchacho adolescente que parecía tener unos catorce años de edad. Estaba agarrando su teléfono inteligente en un ángulo que yo podía ver con claridad. No había nadie sentado en la fila directamente delante de mí, de modo que desde el ángulo único desde donde yo miraba, quizá yo era la única persona en el auditorio que podía ver su pantalla.

A primera vista tan solo vi imágenes de dibujos animados. Eran personajes femeninos de unos dibujos animados que mis hijos ven con frecuencia. Levanté mis cejas en señal de frustración por la situación generalizada de niños y niñas que miran pantallas en momentos inapropiados. Cuando miré otra vez su pantalla, mi frustración se convirtió en horror. Sus búsquedas en la red, que a primera vista habían parecido inofensivas, eran realmente pornográficas.

Este muchacho, sentado al lado de sus padres, buscaba desvergonzadamente en la red dibujos animados pornográficos. Sinceramente, yo ni siquiera creía que aquella fuera una situación real. Más investigación adicional sobre este tema posteriormente reveló algunas tendencias globales increíbles. Con la epidemia mundial de adicción a la pantalla, muchos hombres y adolescentes se están volviendo adictos al porno animado, creado con personajes populares femeninos de dibujos animados y juegos de video. En Japón, este problema se ha extendido tanto que hay falta nacional de hombres que estén dispuestos a casarse con mujeres reales.[1]

Este muchacho en la iglesia estaba recorriendo desenfadadamente un camino oscuro y sin salida. Sin intentar mirar boquiabierto o causar una escena, me adelanté ligeramente intentando dar sentido a las imágenes que estaba viendo. No había ningún error. Esos personajes femeninos de una popular serie de dibujos animados habían sido convertidos en estrellas animadas del porno. Sus padres parece que se habían condicionado a sí mismos a darle «privacidad» en cuanto a sus aparatos electrónicos, lo cual es a la vez ingenuo y trágico.

Yo estaba sentado demasiado lejos para intervenir sin causar una escena alborotadora en medio de la iglesia. Me quedé allí sentado e indefenso mientras un bombardeo de pensamientos y emociones giraban en mi mente. Me sentía frustrado por lo generalizado de la pornografía que está en la punta de nuestros dedos. Estaba aterrado por los mensajes dañinos que nuestros niños están viendo y escuchando cada día. Estaba entristecido por el modo en que las mentes de nuestros hijos están siendo reprogramadas, y el modo en que todo esto está conduciendo a una epidemia de falta de respeto hacia las mujeres, y culminando en muchas de las trágicas revelaciones que hemos estado viendo acerca del abuso y el acoso. Me sentí más motivado que nunca a tener conversaciones importantes con mis propios hijos sobre todas estas cosas, y ayudar a otros padres a hacer lo mismo.

He aprendido mucho a lo largo del viaje de investigar y escribir este libro, y espero que tú también hayas aprendido algunas verdades valiosas al leerlo. Aunque espero que tú y yo sigamos aprendiendo, lo que más importa es nuestra eficacia a la hora de enseñar estas lecciones a nuestros hijos. Si tenemos una cabeza llena de conocimiento nuevo, pero nuestros hijos siguen vagando en la dirección equivocada, entonces nuestro conocimiento no tiene ningún valor.

Para asegurarme de que los principios de los que hemos hablado echen raíces en los corazones y mentes de nuestros niños, dedico este último capítulo a crear momentos de enseñanza con tu niño en torno a los temas tratados en este libro. Será necesaria intencionalidad por tu parte y la mía, pero si creamos momentos de enseñanza con nuestros hijos, podemos ayudar a impulsarlos hacia nuevas alturas y también fortalecer nuestras propias relaciones familiares en cada etapa única de sus vidas. Puede que sea difícil conseguir que un niño se abra acerca de lo que está pensando y sintiendo. Probablemente ya habrás descubierto eso, y probablemente también habrás aprendido que no hay un enfoque de comunicación único que encaje en todos los casos, porque cada persona es diferente. Aun así, existen algunas preferencias y perspectivas comunes que la mayoría de los varones poseen, de modo que saber esto podría darnos un buen comienzo.

A lo largo de este libro he compartido historias, estadísticas y versículos de la Biblia para fomentar conversaciones saludables, pero quiero dejarte con otra herramienta práctica adicional para ayudar a hacer entender estos principios de modo duradero. A continuación, tenemos una guía concreta según la edad para dar comienzo a conversaciones continuas con tu niño sobre las áreas de sexo, tecnología, verdadera hombría, y respeto hacia las mujeres. La convergencia de estas cuatro áreas creará una intersección donde gran parte de sus pensamientos estén enfocados durante la adolescencia.

Saber cómo hablar su lenguaje puede causar un gran impacto; por lo tanto, antes de sumergirnos en la división específica según la edad, voy a darte un gran consejo que es válido para los varones de todas las edades: la mayoría de los muchachos son más receptivos a la comunicación cuando se construye en torno a actividades. Para las mujeres, la charla misma puede que sea toda la actividad necesaria, pero la mayoría de los muchachos no quieren solamente charlar por charlar. La charla es algo que sucede naturalmente como un efecto secundario de una actividad como pasear juntos, montar juntos en bicicleta, jugar juntos al golf, jugar juntos a juegos de video, o un millón de otras actividades.

Cuando le dices a tu hijo: «Tenemos que hablar», es probable que él se desconecte o cierre por completo. Cuando le pides hacer su actividad favorita contigo y después dejas que comience a producirse una conversación en medio de la actividad, lo más probable es que él se abrirá de maneras nuevas. Este es el mejor consejo de comunicación que puedo dar a los padres de niños: edifica tus conversaciones en torno a actividades.

Las preguntas y actividades enumeradas a continuación están pensadas para fomentar una conversación y conexión continuas con tu niño a lo largo de todas las etapas de su desarrollo hasta la madurez. También están pensadas para fomentar un respeto continuo por las mujeres desde temprana edad. Estas listas claramente no son globales, pero espero que inicien conversaciones y cultiven algunas ideas únicas que son perfectamente aptas para ti y para tu niño.

> LA MAYORÍA DE LOS MUCHACHOS SON MÁS RECEPTIVOS A LA COMUNICACIÓN CUANDO SE CONSTRUYE EN TORNO A ACTIVIDADES.

A continuación, vamos a dividir de forma sencilla cómo dirigir las conversaciones con tu niño cuando él está en edad preescolar, en la escuela elemental, la secundaria, la preparatoria y la universidad:

PREESCOLAR

Mi hijo de tres años, Chatham, me vio este año con una barba falsa cuando hacíamos el juego de dulce o travesura. Señaló a mi cara y dijo: «Papá, ¡vas vestido como un hombre!». Yo me reí, y entonces pensé para mí: *¡Un momento! Si él cree que voy vestido como un hombre ahora, entonces ¿qué piensa realmente que soy cuando no llevo una barba falsa?* Se convirtió en un divertido momento de enseñanza cuando pasé a explicar que ser un hombre se trata de mucho más que tener barba.

La edad preescolar es una edad de exploración, en la que tu niño está descubriendo el mundo que lo rodea y el lugar único que ocupa en él. Es el momento perfecto para comenzar conversaciones sobre la singularidad que Dios ha dado a niños y niñas y para celebrar esas diferencias dadas por Dios. También es un momento para comenzar a fomentar relaciones saludables con otros niños y con las niñas. Deja que tu niño aprenda a temprana edad a tener interacciones saludables y respetuosas con varones y mujeres de todas las edades.

Preguntas para fomentar conversaciones con tu niño:

1. ¿Qué es lo que te gusta mucho de mamá?
2. ¿Cuál es tu súper heroína favorita?
3. ¿Qué es lo que más te gusta de tu maestra de preescolar (o algún otro ejemplo a seguir positivo femenino)?

Actividades para fomentar conversaciones con tu niño:

1. Intencionadamente, organiza citas para jugar con niñas de su edad. Obviamente, deja que tu hijo juegue con otros niños también, pero haz que sea algo natural desde temprana edad que tu niño interactúe con niñas como amigas, iguales y compañeras.

2. Lee cuentos infantiles e historias de la Biblia en la noche que se enfoquen en la fuerza y la valentía de personajes masculinos y femeninos.

3. Vean dibujos animados y películas que muestren interacciones saludables entre varones y mujeres.

ESCUELA ELEMENTAL

Mi hijo Chandler está actualmente en primer grado. Él es masculino, atlético, y «todo un muchacho» en todos los sentidos, pero también es atraído a amigos de ambos géneros. El modo en que juega con sus amigos a menudo se ve diferente basado en las personalidades individuales y los porcentajes de los distintos géneros que hay en el grupo, pero le gusta jugar con niñas tanto como le gusta jugar con niños. Parece estar en el camino hacia amistades futuras saludables con ambos géneros. Además, tampoco tiende a hacer generalizaciones que muchos niños de su edad hacen al decir cosas como «lanzas como una niña» u otras connotaciones negativas o limitadoras acerca de las mujeres. Estas preguntas y actividades han ayudado a darle un buen comienzo, y también pueden ayudar a tus hijos que están en la edad de escuela elemental.

Preguntas para fomentar conversaciones con tu niño:

1. ¿Qué es una cosa que hace que mamá sea tan fuerte?
2. ¿Quién es tu personaje femenino favorito de la Biblia?
3. Cuando seas mayor y te conviertas en papá, ¿qué tipos de cosas querrás hacer con tu esposa y tus hijos?

Actividades para fomentar conversaciones con tu niño:

1. Alienta a tu niño a jugar al menos un deporte en una liga mixta. Aprender a ver a niños y niñas como compañeros de equipo iguales es una formación estupenda para aprender respeto.
2. Alienta formas de entretenimiento, juegos y videojuegos que impliquen proteger a mujeres (por ejemplo, salvar a la princesa) y que muestren también historias de mujeres fuertes que son quienes rescatan. Estos ejemplos diversos le ayudarán a aspirar a ser alguien que protege y respeta a las mujeres.
3. Lee cuentos e historias de la Biblia al irse a la cama que refuercen lecciones de valentía y cortesía.

ESCUELA SECUNDARIA

Nosotros tenemos dos hijos que están actualmente en la secundaria. Cooper y Connor son jóvenes extraordinarios que personifican la masculinidad valiente a la vez que también son sensibles, respetuosos y concienzudos hacia sus compañeras femeninas y mujeres de cualquier edad. Estamos dando atención extra a nuestras conversaciones con Cooper y Connor relacionadas con la pubertad, el sexo, la pornografía, y los otros temas abordados en este libro, porque están en edades críticas en las que sus pensamientos y acciones se están formando para dar paso potencialmente a conductas para toda la vida. Estamos orgullosos de los caminos que ellos están escogiendo. Estas preguntas y actividades son algunas de las que estamos utilizando para formarlos y alentarlos en su viaje.

Preguntas para fomentar conversaciones con tu hijo

1. De todas las mujeres en la historia (además de mamá/ de mí), ¿a qué mujer respetas más? ¿Cuáles crees que eran sus mayores fortalezas?
2. He oído que algunos jóvenes de secundaria envían mensajes de texto sexuales (se envían imágenes sexualmente explícitas unos a otros desde sus teléfonos inteligentes). ¿Crees que esto está sucediendo en tu escuela? (Estoy seguro de que sucede en su escuela, pero dejar abierta la pregunta podría fomentar una conversación).

3. ¿Qué cosa crees que los chicos no entienden acerca de las chicas?

4. ¿Qué cosa crees que las chicas no entienden acerca de los chicos?

Actividades para fomentar conversaciones con tu hijo

1. Comiencen a ver juntos las noticias en la mañana antes de la escuela o en la noche antes de irse a la cama. Habla con él estratégicamente de historias que presenten a una heroína o historias que presenten a una mujer que ha sido victimizada por un hombre. Nunca demonices a los hombres o hagas parecer que es una falsa dicotomía de varones contra mujeres, sino desafíalo a ser alguien que respeta y protege a las mujeres de modo que las mujeres y las chicas que hay en su vida nunca tengan que ser victimizadas.

2. Mantén conversaciones saludables y transparentes continuas sobre el sexo. Los recursos (en inglés) Passport2Purity y Passport2Identity de FamilyLife Today son herramientas maravillosas para ayudar a facilitar estas conversaciones continuas con tu hijo de secundaria.[2]

3. Monitorea detalladamente su actividad en el Internet. Filtros como X3Watch o Covenant Eyes pueden ayudarte a bloquear pornografía a la vez que monitoreas qué páginas está visitando. Su actividad en el Internet te dará una perspectiva única de sus procesos de

pensamiento y creará un punto de inicio para mantener conversaciones.

4. Escucha cuando tu hijo quiera charlar. Hemos descubierto que nuestros hijos pueden iniciar conversaciones importantes en momentos poco probables y en torno a temas improbables, pero cuando estamos dispuestos a dejar a un lado los teléfonos y escuchar atentamente lo que ellos quieren decir, eso conduce con frecuencia a conversaciones memorables y significativas.

PREPARATORIA

Ashley y yo tenemos mucha experiencia con estudiantes de preparatoria, pero (aún) no proviene de la educación de nuestros hijos. Ashley ha sido maestra de secundaria y de preparatoria, y los dos hemos pasado años trabajando juntos en el ministerio de jóvenes. De hecho, estábamos trabajando con alumnos de preparatoria y líderes de iglesias incluso antes de tener nuestros propios hijos. Las lecciones que hemos aprendido de esas experiencias han moldeado los tipos de preguntas y actividades que esperamos compartir con nuestros hijos cuando estén en la preparatoria.

Preguntas para fomentar conversaciones con tu hijo

1. Leí que estadísticamente hay menos estudiantes de preparatoria que mantienen sexo de los que había en mi generación. ¡Estoy orgulloso de ustedes! ¿Por qué

crees que hay más muchachos que deciden esperar para tener sexo?

2. ¿Cuáles son las características que crees que forman parte de una buena esposa? ¿Cuáles son las características que forman parte de un buen esposo? ¿Cuál pareja casada (además de las de nuestra familia) tiene el tipo de matrimonio que a ti te gustaría tener algún día?

3. ¿Cuáles crees que son los retos más difíciles que están enfrentando los muchachos jóvenes en tu escuela? ¿Qué es lo que más ayudaría?

4. ¿Cuáles crees que son los retos más difíciles que están enfrentando las muchachas jóvenes en tu escuela? ¿Cómo podrías ayudarles?

Actividades para fomentar conversaciones con tu hijo

1. Lleva a tu hijo a una película que tenga un personaje femenino fuerte, y después vayan a su restaurante favorito para charlar sobre la película y sobre qué características hacían que ese personaje femenino fuera tan fuerte.

2. Planea tiempo a solas con tu hijo. Tanto el padre como la madre deberían pasar regularmente tiempo individual con cada hijo en torno a actividades que le gusten. Al menos una vez al año durante la preparatoria, organiza un viaje de fin de semana solamente con él para reconectar y tener conversaciones más profundas.

3. Planea eventos de rito de pasaje en torno a hitos clave. Hablo extensamente de estos tipos de eventos en el capítulo sobre la verdadera hombría. Haz que estos eventos especiales sean una característica regular en tu calendario familiar, en los que puedas honrar y celebrar públicamente la hombría de tu hijo y las características de integridad y honor que está personificando.

4. Alienta a tu hijo a ofrecerse de voluntario en un lugar donde pueda utilizar sus dones únicos para ayudar a la comunidad. Asegúrate de que la oportunidad de voluntariado tenga al menos un elemento de ayudar a mujeres. Incentiva su voluntariado y celébralo. Habla con él sobre su experiencia.

UNIVERSIDAD

Los años universitarios son un periodo crítico en la vida de un hombre. Como ya hemos hablado a lo largo de este libro, los campus universitarios han sido la zona cero para algunos de los peores delitos cometidos contra las mujeres. También han sido el lugar de nacimiento de un progreso alentador en los hombres a la hora de tomar responsabilidad para personificar el honor y el respeto hacia las mujeres. En el tiempo que pasé enseñando en campus universitarios vi de primera mano que hay incontables oportunidades para decisiones sabias o imprudentes entre los estudiantes. Esas decisiones pueden tener un impacto para toda la vida, ya sea positiva o negativamente.

Preguntas para fomentar conversaciones con tu hijo

1. ¿Crees que las mujeres en el campus tienen las mismas oportunidades que los hombres? ¿Hay algo que parezca injusto para un género?

2. ¿Querrías que tus futuros hijos tuvieran una experiencia universitaria similar a la que tú estás teniendo? ¿Qué querrías que experimentaran tus hijos? ¿Qué querrías que experimentaran tus hijas?

3. ¿Qué te hubiera gustado que te dijera en la preparatoria que te habría preparado para los retos que enfrentas ahora?

4. ¿Cuáles son las características que buscarías en una posible esposa? ¿Hay alguna joven en el campus a la que has conocido y que parezca poseer esas características?

Actividades para fomentar conversaciones con tu hijo

1. *Pregunta qué libros tiene que leer este semestre.* Escoge uno de sus libros escrito por una autora femenina, y dile que quieres comprar un ejemplar, leerlo y hablar de ese libro con él. Comienza tu propio club de lectura de dos miembros.

2. *Ofrécete como voluntario en una organización sin fines de lucro enfocada en ayudar a mujeres.* Concretamente, escoger entre un refugio para mujeres maltratadas o un refugio para mujeres sin hogar podría ayudar a crear momentos significativos y prender un deseo de ser un protector de las mujeres para toda la vida. (Por favor,

observa que el proceso de investigación puede ser largo. Probablemente se requieren comprobaciones de antecedentes y formación extensa).

3. *Ten la valentía de compartir las decisiones sabias y las malas que tomaste en la universidad cuando eras joven.* Está dispuesto a hablar sobre tus remordimientos, incluyendo decisiones sexuales en el pasado. Esta podría ser una conversación incómoda, pero tener la valentía para ser transparente y vulnerable construirá confianza con tu hijo y también le ayudará potencialmente a aprender tanto de tus errores como de tus sabias decisiones.

4. *Busca maneras de mantenerte conectado.* No aceches a tu hijo. Déjale que tenga alas, pero también asegúrate de que sepa que siempre estarás ahí cuando lo necesite. Envíale mensajes de texto alentadores. Envíale paquetes con cosas de casa y con objetos prácticos y pequeños para facilitarle la vida. Estás haciendo una transición en tu relación, pasando de ser una relación de autoridad y protección de él a ser otra de amistad entre adultos. Hazle saber que estás orando por él diariamente y que estás muy orgulloso del hombre en quien se ha convertido. Tu influencia en su vida será duradera si estás dispuesto a recorrer estos años universitarios con sabiduría dándole el apoyo que aún necesita de ti.

CREAR MOMENTOS DE ENSEÑANZA CON TUS HIJOS

Sin duda, no hay falta de información para enseñar a nuestros hijos, pero la mayor lucha para la mayoría de los padres y madres parece ser encontrar los momentos adecuados para enseñarla. Estos momentos de enseñanza pueden ser elusivos si tan solo nos quedamos esperando a que se produzcan. Podemos ser tentados a permitir que el mito de encontrar «el momento perfecto» evite que tengamos esas conversaciones.

> LA VERDAD ES QUE NO HAY TAL COSA COMO UN MOMENTO PERFECTO. HAY SOLAMENTE ESTE MOMENTO Y LO QUE DECIDAS HACER CON ÉL.

Siempre vamos a tener que competir con la falta de atención de nuestros hijos, las etapas de los juegos de video, la hiperactividad, bromas sobre hacer caca, y un millón de otras distracciones. No dejes que esas distracciones te desalienten. Entra en los mundos de tu niño en cada fase de su vida, y encuéntrate con él allí donde él está.

La verdad es que no hay tal cosa como un momento perfecto. Hay solamente este momento y lo que decidas hacer con él. Tampoco hay tal cosa como palabras perfectas o padres perfectos. No hay padres perfectos y no hay hijos perfectos, pero si eres una presencia constante en las vidas de tus hijos, habrá muchos momentos perfectos en el camino.

Todo comienza con estar presente y entonces buscar esos momentos para la enseñanza. Algunas de mis mejores conversaciones con mis hijos suceden cuando hay menos competición por su atención. He descubierto que el rato de acostarse es una oportunidad nocturna poderosa para que haya interacciones estupendas, porque de repente me convierto en el hombre más interesante del mundo cuando mis hijos intentan evitar irse a dormir. Podrían ignorarme durante todo el día, pero cuando llega el momento de irse a la cama tengo una audiencia muy atenta. Aprovecha esos momentos libres de interrupción en tu ritmo diario. Podrían ser poco frecuentes, pero siempre vale la pena aprovecharlos.

También he tenido algunas oportunidades estupendas de momentos de enseñanza mediante entrenar a los equipos deportivos de mis hijos. Nunca he sido un gran entrenador o un gran deportista, pero intento ser un gran animador. Busco oportunidades de animar a mis hijos y a los otros muchachos del equipo, y he aprendido que el aliento puede ser uno de los maestros más poderosos de todos.

Un invierno estaba entrenando al equipo de básquet de mi hijo Connor cuando él tenía seis años. Estaba en una liga en la que niños y niñas jugaban juntos. Nuestro equipo estaba formado por seis chicos y una chica llamada Madison. Ella era más alta que la mayoría de los niños y era una de las jugadoras que más duro trabajaba en el equipo. Durante una de nuestras prácticas cuando tenía a los niños jugando unos contra otros en dos equipos de tres, Madison le robó la pelota a mi hijo. Fue un robo limpio y ella estaba en el otro equipo en ese momento, así que estaba haciendo exactamente lo que tenía que hacer.

Connor reaccionó de un modo que me sorprendió y me decepcionó. Le gritó y le dijo: «¿Por qué me robaste la pelota? Ni siquiera perteneces aquí. ¡No habría que dejar que las chicas jueguen con los chicos!».

A Madison comenzaron a temblarle los labios. Sus ojos se llenaron de lágrimas, pero se las limpió rápidamente. Ella fue herida por las palabras mezquinas de Connor, y se avergonzó por haber mostrado emoción debido al dolor. En aquel momento pensé en que la mayoría de las chicas y las mujeres probablemente tengan experiencias como esa a lo largo de sus vidas. Eso está mal.

Reuní rápidamente al equipo para una pequeña charla. Hacer que niños de seis años se reúnan en grupo y se queden quietos para recibir una lección es como intentar reunir a un grupo de monos que han estado bebiendo una bebida energética. Aun así, nos las arreglamos para reunir al grupo, y yo dije algo parecido a esto:

«Oigan, equipo, estoy realmente orgulloso de lo duro que están trabajando, pero en nuestro equipo tenemos que animarnos unos a otros y nunca intentar herir los sentimientos de los demás. Connor le dijo algo muy mezquino a Madison al decirle que no le deberían permitir jugar porque es una niña. La verdad es que Madison es una de las jugadoras más trabajadoras de todo este equipo, y podríamos aprender mucho viéndola jugar. Ella también tuvo que ser muy valiente al ser la única niña en nuestro equipo, y ustedes, muchachos, necesitan darle el respeto que se merece. Voy a comenzar implementando un nuevo premio. Se llama "Premio mejillas rosadas". Lo recibirá el jugador que tenga las mejillas más sudorosas o rosadas, porque eso significa que está trabajando muy duro. ¡Las mejillas no mienten! Madison gana el premio, porque su cara está siempre sudorosa, y eso significa que ella siempre trabaja duro. Gracias, Madison, por establecer un ejemplo tan estupendo para nosotros. Estamos muy orgullosos de ti y contentos de que estés en nuestro equipo».

Entonces hice que Connor se disculpara públicamente ante Madison, y se dieron un abrazo. Los chicos regresaron inmediatamente al juego y comenzaron a trabajar tan duro como podían, intentando todos ellos tener las mejillas tan sonrosadas y sudorosas como las de Madison. Ella se convirtió en la líder que intentaban emular. Lo único que yo hice fue cambiar la definición que ellos tenían de ganar en el básquet, desde un criterio quebrado que dice «tienes que ser un niño para ganar» a otro inclusivo que dice «quien trabaje más duro y haga su mejor esfuerzo es alguien a quien emular».

Connor creció mucho ese año. Normalmente no cito por nombre a uno de mis hijos a causa de una conducta menos que halagadora, pero cuento esta historia sobre Connor para así también poder presumir de él. Como joven que está ahora en sexto grado, es muy respetuoso con las chicas y las mujeres. Estoy muy orgulloso de él.

El año pasado la amiga de Connor, Claire, tenía un recital de violín. A Connor no le gustan los recitales, pero ama a su amiga Claire, así que quería ir. Ashley le dijo que ir significaba que tendría que vestirse con pantalones color caqui y una camisa bonita. Connor preferiría ir desnudo que vestir ropa formal, pero cuando Ashley le explicó que era un modo de mostrar respeto a Claire, él se arregló meticulosamente.

¡Nunca ha olido tan bien en su vida! Connor no lo entendió en ese momento, pero Ashley estaba utilizando ese acontecimiento como un momento de enseñanza.

Connor también quería regalarle flores a Claire antes de su actuación. Estaba muy orgulloso al entregárselas y decirle que estaba deseando oírla tocar. Cuando Claire comenzó a tocar, Connor contuvo la respiración y escuchó cada nota. Estaba enfocado intensamente en su actuación, y quería que ella se sintiera bien. Algunos otros niños comenzaron a susurrar, y Connor, que normalmente no se enfrenta, les llamó la atención y susurró con una agudeza de autoridad en su tono de voz: «¡Oigan! Tengan respeto. Estén callados hasta que ella termine de tocar».

Estoy muy orgulloso del modo en que Connor respeta y honra a los demás. Tiene un corazón de oro. Algún día será un esposo y papá estupendo.

Nuestros otros niños también están en la senda correcta, principalmente debido a la influencia y el ejemplo de su asombrosa mamá. Nuestro hijo mayor, Cooper, pasó recientemente por un programa llamado Social, que enseña respeto y etiqueta a preadolescentes y adolescentes. Lo pusieron con una compañera llamada Megan. Cada semana, Cooper y Megan, junto con otros cien niños y niñas, aprendieron bailes, etiqueta en la mesa, y cómo interactuar respetuosamente con personas del sexo contrario. Fue un ritual semanal lleno de momentos de enseñanza, además de los momentos posteriores cuando yo le hacía preguntas sobre todo lo que había ocurrido.

Cooper se quejaba al principio porque pensaba que todo eso sonaba aburrido, pero terminó amándolo. Cada jueves en la noche se vestía con chaqueta y corbata y se iba para aprender algunos bailes nuevos. Tras cada práctica de baile semanal, todos iban al otro lado de la calle y estaban en el restaurante de comida rápida Dairy Queen, lo cual se convirtió en un plato fuerte de su semana. Cuando terminó el programa, todos tuvieron un gran baile que se parecía a una gala de la realeza o algo sacado de la serie *Downton Abbey*. Todos ellos se veían y se sentían muy adultos.

Se produjo mucho bien como resultado de la experiencia de Cooper con Social. En primer lugar, tenemos algunas fotografías que le resultarán bastante entretenidas más adelante en su vida, porque él era el niño más bajito en Social y Megan era la niña más alta. Formar pareja requirió cierta valentía por ambas partes, y sus fotografías juntos son adorables.

Mucho más importante que fotografías bonitas, sin embargo, es que vi a Cooper madurar a lo largo de este proceso. Él no solo estaba aprendiendo etiqueta y movimientos de baile; estaba experimentando la diversión y libertad que se producen cuando chicos y chicas aprenden a interactuar los unos con los otros de maneras respetuosas. Vi aumentar la confianza en sí mismo, y observé que su capacidad de comunicarse respetuosamente con el sexo opuesto mejoró muchísimo. Estoy muy agradecido de haber hecho esa inversión para permitirle ser parte de Social. Creo que también él está agradecido por la experiencia.

Chandler está en primer grado, y recientemente regresó a casa de la escuela contando una historia que fue uno de los ejemplos de respeto más dulces y más considerados que yo pudiera imaginar. Realmente me derritió el corazón. Chandler entró por la puerta y declaró con resolución: «Ya no quiero sándwiches de crema de cacahuates con mermelada en mi almuerzo».

Ashley y yo quedamos sorprendidos por su afirmación, porque a Chandler le encanta la crema de cacahuates con mermelada. Ha heredado eso de mí. Yo podía comerlo varias veces al día, y «Chan Man» y yo tenemos eso en común. Le preguntamos por qué quería renunciar a su sándwich favorito, y él dijo: «Mi amiga Chloe es alérgica a los cacahuates. Si está cerca de la crema de cacahuates se enferma. Tiene que sentarse en una mesa a la hora del almuerzo donde no se permitan los cacahuates, y quiero sentarme con ella, así que quiero que de ahora en adelante me prepares un sándwich de pavo para así poder sentarme al lado de Chloe».

¡Vaya! Yo estaba muy orgulloso. ¡Él fue quien me dio una lección a mí en ese momento! Todos somos bastante egoístas por naturaleza, pero mi niño de primer grado estaba aprendiendo que un sacrificio hecho por amor y respeto hacia una amiga es siempre un sacrificio que vale la pena. Sinceramente, su sencillo gesto de consideración me retó a ser menos egoísta. Como padres, nos preocupamos tanto por todas las lecciones que creemos que hemos de enseñar a nuestros hijos, que a veces nos olvidamos de todas las lecciones que podemos aprender de nuestros hijos.

Con nuestro hijo menor, Chatham, siempre buscamos maneras de comenzar conversaciones sobre respeto. Él se parece a su dulce mamá, de modo que es ya uno de los niños más amables del planeta. Cada uno de nosotros es una obra en progreso, pero espero que nuestra familia continúe estableciendo ejemplos saludables para que él los siga a medida que crece. Él quiere ser un superhéroe cuando sea mayor. Estamos intentando ayudarle a entender que el respeto es uno de los mayores superpoderes que hay.

En un hogar donde todos son niños, obviamente no hay ninguna hermana, pero mediante deportes, la escuela y reuniones de la familia extendida intentamos ser proactivos para crear momentos de enseñanza. Nuestros hijitos son preciosos, y quieren ser algún día como sus hermanos mayores. Yo reto a los hermanos mayores a utilizar su influencia para bien, porque hay pequeños pies que desean seguir sus pasos.

Para todos nosotros, es importante andar por un camino digno de emular. Especialmente aquellos que somos padres y madres, debemos recordar que nuestras palabras, actitudes y acciones probablemente serán recordadas y emuladas por nuestros hijos. Tu ejemplo es su maestro más influyente. Ninguno de nosotros es perfecto, pero todos podemos escoger el camino correcto. Debemos hacerlo. Hay mucho en juego.

AVANZAR CON UNA NUEVA PERSPECTIVA

A medida que procesas todo lo que has leído hasta este punto, quizá te esté dando vueltas la cabeza al considerar cuáles deberían ser tus siguientes pasos. Hay muchas aplicaciones que nosotros como padres y madres necesitamos hacer basados en la información que hemos aprendido, pero quiero proponer un primer paso que podría parecer improbable. Requiere un sencillo cambio de perspectiva. Esta última historia ayudará a ilustrarlo.

En 2012, una guionista talentosa y prometedora llamada Jennifer Lee estaba terminando un trabajo en una película de Disney titulada *Ralph el demoledor* cuando fue invitada a realizar un papel importante en el proyecto más nuevo de Disney. La nueva película se titularía *Una aventura congelada*, y sería distinta a cualquier otra cosa que los estudios nunca habían producido. Cientos de millones de dólares ya se habían invertido en el proyecto, pero se había chocado contra un obstáculo, y estaban cerca de cancelar todo el proyecto.

La película se enfrentaba a muchos reveses, pero uno de los más urgentes era el argumento. La trama parecía estar estancada. Los personajes no se desarrollaban, y no salían las canciones. Jennifer se incorporó para ayudar a liderar el esfuerzo en el guion y para codirigir la película, lo cual hizo que ella fuera la primera directora de un largometraje de Disney en su historia.

Jennifer estudió cuidadosamente el guion y examinó los personajes. Reconoció rápidamente que la historia tenía un potencial ilimitado, pero antes de poder avanzar, los guionistas necesitaban volver a imaginar uno de los personajes principales. Hasta ese punto, el personaje principal de Elsa había sido una villana. Ella era la fría e implacable Reina del Hielo sin ninguna característica que pudiera redimirse. Jennifer propuso brillantemente que la historia solo funcionaría si Elsa se convertía en una de las heroínas de la historia. Como todo héroe, ella sería complicada e imperfecta, pero tendría buen corazón y, al final, sería una parte vital para crear un final feliz. Cuando el personaje de Elsa fue imaginado de nuevo y reescrito, el resto de la historia se construyó perfectamente.

Comenzaron a fluir las canciones. Enseguida estaban cantando a viva voz «Let It Go» (Libre soy).

El resto es historia del cine. Jennifer Lee y su equipo en Disney crearon una de las películas más queridas y exitosas de la historia, generando una franquicia multimillonaria, incluyendo música, juguetes, disfraces, productos derivados, y un musical en Broadway. Probablemente estés tarareando ahora mismo en tu cabeza una canción de *Una aventura congelada*.

Comparto esta historia porque veo algunos paralelismos importantes entre el progreso de la película y nuestro progreso colectivo en torno al tema del respeto y la igualdad de oportunidades para las mujeres y las chicas. Se ha hecho mucho progreso y se ha invertido mucho dinero, pero parece que nos hemos quedado atascados en una zanja antes de llegar a la línea de meta.

En nuestra frustración, somos rápidos en diagnosticar lo que tiene que suceder después. Algunos creen que se requiere volver a redactar las leyes. Otros creen que el enfoque debería estar en la educación o en cambiar el clima en el entorno laboral empresarial. Mientras que todos estos enfoques propuestos tienen mérito, yo propongo algo diferente. ¿Y si, como el enfoque que empleó Jennifer Lee en *Una aventura congelada*, necesitamos comenzar sencillamente volviendo a imaginar un personaje clave en la historia?

El personaje clave en esta historia eres tú (y yo). ¿Y si cada uno de nosotros volviera a imaginar los roles y responsabilidades que tenemos en dar resolución a este problema para la siguiente generación? ¿Y si nuestro cambio de corazón y cambio de actitud marcaran también un potente cambio efectivo de la crianza de los niños que pudiera ayudar a nuestros hijos a enderezar algunas cosas erróneas que generaciones anteriores dejaron sin terminar? ¿Y si nuestra generación pudiera ser la última en experimentar la desigualdad?

Sí, necesitamos legislación, necesitamos cambio cultural, necesitamos rendir cuentas, necesitamos respeto, necesitamos muchas cosas. Pero como estamos juzgando públicamente a todas las figuras destacadas que han caído, también deberíamos hacer una autoevaluación honesta de nuestros propios pensamientos y acciones. Todos hemos sido parte del problema, y hasta que tengamos la valentía de admitir eso, nunca encontraremos una solución duradera. El cambio comienza reexaminando nuestra propia parte en esta historia y comprometiéndonos entonces a enseñar a nuestros hijos a hacer lo mismo.

> EL CAMBIO COMIENZA REEXAMINANDO NUESTRA PROPIA PARTE EN ESTA HISTORIA Y COMPROMETIÉNDONOS ENTONCES A ENSEÑAR A NUESTROS HIJOS A HACER LO MISMO.

Gracias por hacer este viaje conmigo. Gracias por creer que nuestros niños y niñas merecen algo mejor que su realidad actual. Gracias por tener la valentía de poner en acción tus convicciones.

Juntos, tenemos la capacidad de producir un cambio duradero. Yo quiero crear un mundo mejor para nuestros niños y nuestras niñas, y sé que tú quieres lo mismo. Solamente nuestros deseos no producirán cambio, pero sí lo harán nuestras acciones. ¡Hagamos esto!

En palabras de las mujeres

«Estoy muy orgullosa de los jóvenes en que se están convirtiendo mis hijos. No son perfectos, pero tienen un carácter genuino, además de un interés genuino por otros. No puedo adueñarme del crédito por todos sus rasgos positivos, pero estoy muy orgullosa de ser su mamá».

—SHANNON P. (36 AÑOS)

«En cierto modo siento lástima por los chicos actualmente, porque probablemente sientan que no saben hacer nada bien. Si les abren la puerta a las chicas, se les dice que están siendo sexistas. Si no muestran ninguna cortesía, se les dice que son unos idiotas. Sé que las chicas han recibido mucha falta de respeto y se les ha medido con una doble vara a lo largo de los años; pero sinceramente, tengo la sensación de que los chicos lo tienen más difícil que las chicas hoy en día. En cualquier cosa que hagan, siempre hay alguien esperando para decirles que lo están haciendo mal».

—KRISTY D. (21 AÑOS)

«De todas las cosas que he hecho en mi vida, estoy más orgullosa del tiempo que pasé con mis hijos. Han crecido y se han convertido en hombres honorables. Nunca tuve una hija, pero ahora tengo nueras maravillosas y las quiero como si fueran mis propias hijas. Nunca he sido rica ni famosa, pero me siento la mujer más rica de la tierra porque crié hijos que aman a sus esposas y a su hijos. Ese es un legado transformador».

—MAYA C. (67 AÑOS)

UNA CARTA A MIS HIJOS

Mi papá me envió una carta manuscrita no hace mucho tiempo atrás. Eran un par de páginas sencillas y a la vez hermosas que contenían su consejo, su perspectiva y su amor por mí. Es algo que atesoraré siempre porque viene de él. Y yo quiero hacer lo mismo para mis hijos.

Como padres y madres, nuestras palabras tienen un profundo poder. Podemos edificar a nuestros hijos, o podemos derribarlos. Yo quiero que mis palabras sean una fuente de vida y esperanza para mis hijos. Espero que leas esta carta y pienses en escribir una propia a tus hijos. Sobre todo, espero que mis hijos lean algún día estas palabras y recuerden lo mucho que los amo.

Cooper, Connor, Chandler y Chatham,
Ahora mismo ustedes son demasiado pequeños para

225

interesarse por leer el libro de papá, pero espero que algún día se tropiecen con esto y lo aprovechen. Por encima de todo lo demás que escribo, sepan siempre que son amados. Cada uno de ustedes es un regalo de Dios, ¡y su mamá y yo somos muy bendecidos de ser sus padres!

Este libro ha hablado principalmente de cómo y por qué respetar a las chicas. Espero que estas lecciones se arraiguen en sus corazones y lleguen ustedes a ser hombres que honran, respetan y protegen a las mujeres. Es mi oración que escojan un camino de integridad digno del respeto de su futura esposa. Es mi oración que encuentren una esposa piadosa con el tipo de fortaleza, integridad y fe que tiene su mamá. Es mi oración que sigan ustedes las normas de Dios en sus decisiones relacionadas con el sexo y el matrimonio. Sus caminos son perfectos, y Él tiene un plan perfecto para cada uno de ustedes.

Cuando crezcan y comiencen a tener citas, por favor respétense siempre a ustedes mismos y respeten también a las chicas. Nunca cambien el placer temporal por lamento permanente. La gracia de Dios es ilimitada y su perdón está a nuestra disposición cuando pecamos, pero aun así puede haber cicatrices duraderas al hacer concesiones en las normas de Dios para el sexo y las relaciones. Protejan su propia pureza, y protejan también la pureza de los demás. La hombría auténtica no se mide por las conquistas sexuales, sino más bien por el freno sexual. Cuando deciden vivir según la norma de Dios para la pureza sexual, están mostrando respeto por ustedes mismos, por Dios, y por su futura esposa.

He intentado establecer el ejemplo correcto para ustedes en estas áreas, pero como saben muy bien, ¡su papá está lejos de ser perfecto! Continuaré intentando vivir un ejemplo que valga la pena seguir pero, sobre todo, es mi oración que ustedes sigan los pasos del único Padre perfecto. Cuando siguen a Jesús, siempre estarán en la dirección correcta. Cuando Él es su guía, nunca estarán perdidos. Hagan de sus palabras y su ejemplo el fundamento para sus decisiones y la brújula para dirigir sus pasos.

Les amo más de lo que puedan imaginar. Aparte de la gracia de Dios y del amor de su mamá, ser su papá es el mayor regalo de mi vida. Estoy eternamente agradecido por cada uno de ustedes, y estoy muy orgulloso de ustedes. Siempre lo estaré. Recuerden que no hay ningún error que puedan cometer jamás que sea mayor que la gracia de Dios. ¡Su mamá y yo seremos siempre sus mayores fans!

Con amor,

Papá

RECONOCIMIENTOS

P uede que mi nombre esté en la cubierta, pero hay incontables nombres que son responsables de dar forma a este libro. Hay más personas a las que agradecer de las que podría enumerar aquí, pero quiero mostrar gratitud y respeto públicamente a algunos que han sido fundamentales en este viaje.

Ashley, tu amor me alimenta y me impulsa. Ser tu esposo, compañero y mejor amigo es el mayor honor de mi vida. Gracias por todo lo que haces por nuestra familia. Este libro, como la mayoría de las cosas en mi vida, no habría sido posible sin ti. Te amo mucho.

Mamá y papá, gracias por haberme criado en un hogar lleno de amor, risas, aliento, y fe auténtica. Su amor el uno por el otro, su amor por Jesús, y su amor por nosotros me dieron un fundamento muy sólido para la vida. Sigo queriendo ser como ustedes cuando sea mayor.

¡El equipo de Thomas Nelson ha vuelto a sacar la bola de la cancha! Es un gran privilegio trabajar al lado de ustedes. Estoy muy agradecido por la mejor editora del mundo, Jessica

Wong, por defender el mensaje de este libro y hacer que el mensaje esté más claro, enfocado y gramáticamente correcto de lo que habría estado jamás si yo lo hubiera escrito sin su ayuda y dirección.

Gracias a mi agente literario, Amanda Luedeke, cuyo entusiasmo temprano por este libro es una de las principales razones por las que tuve la valentía de escribirlo.

Una gratitud especial a mi amiga y colega Shaunti Feldhahn, quien compartió conmigo una investigación muy valiosa al principio del proceso de escritura. Sus perspectivas y aliento ayudaron en última instancia a dar forma a la dirección de todo el libro. Si no estás leyendo sus libros, ¡deberías comenzar a hacerlo!

Gracias a la familia Evans y a todo el equipo de MarriageToday y XOmarriage.com. Es un gozo vivir la vida y el ministerio junto a ustedes. Gracias por su amistad y por las incontables maneras en que ustedes han invertido en mi familia.

Gracias a todas las mujeres y todos los hombres que retaron mis pensamientos y moldearon el contenido de este libro compartiendo su propia sabiduría y experiencias en la vida. Este libro y mi vida son mucho más ricos debido a su perspectiva.

Finalmente, quiero darte las gracias a ti, el lector, por leer este libro. Gracias por invertir tu tiempo para crear un mundo mejor para nuestros hijos. Gracias por acompañarme en este viaje. Sigamos adelante. Nos dirigimos en la dirección correcta, pero queda aún mucho trabajo por hacer. Nuestros hijos y nuestras hijas cuentan con nosotros.

NOTAS

Introducción

1. Warren Farrell y John Gray, *The Boy Crisis: Why Our Boys Are Struggling and What We Can Do About It* (Dallas: BenBella Books, 2018), p. 3.

Capítulo 1: La crisis actual

1. Nic Wirtz y Azam Ahmed, «Before Fatal Fire, Trouble Abounded at Guatemala Children's Home», *New York Times*, 8 marzo 2017: https://www.un.org/sustainabledevelopment/ blog /2016/12/report-majority-of-trafficking-victims-are-women-and-girls-one-third-children/.

2. «Report: Majority of Trafficking Victims Are Women and Girls; One-Third Children», UN News, 21 diciembre 2016: https://news.un.org/en/story/2016/12/548302-majority-trafficking-victims-are-women-and-girls-one-third-children-new-un.

3. «Majority of Trafficking Victims», UN News.

4. «Statistics», National Coalition Against Domestic Violence (NCADV), https://ncadv.org/statistics.

5. Danielle Campoamor, «Ariana Grande Reminds Us Women Have No Safe Place in America», CNN, 4 septiembre 2018: https://www.cnn.com/2018/09/03/opinions/ariana-grande-aretha-franklin-funeral-campoamor/index.html.

6. Tyler Kingkade, «Nearly One-Third of College Men in Study Say They Would Commit Rape», HuffPost, 9 enero 2015: https://www.huffingtonpost.com/2015/01/09/college-men-commit-rape-study_n_6445510.html.

7. M. J. Lee, Sunlen Serfaty, y Juana Summers, «Congress Paid Out $17 Million in Settlements. Here's Why We Know So Little About That Money», CNN, 16 noviembre 2017: https://www.cnn.com/2017/11/16/politics/settlements-congress-sexual-harassment/index.html.

8. Michelle Krupa, «The Alarming Rise of Female Genital Mutilation in America», CNN, actualizado 14 julio 2017: https://www.cnn.com/2017/05/11/health/female-genital-mutilation-fgm-explainer-trnd/index.html.

9. «Child Marriage Around the World», International Center for Research on Women (ICRW), https://www.icrw.org/child-marriage-facts-and-figures/.

10. «Sexual Assault Statistics», National Sexual Violence Resource Center (NSVRC), https://www.nsvrc.org/statistics.

11. «Sexual Assault Statistics», NSVRC.

12. «The Most Up-to-Date Pornography Statistics», Covenant Eyes, www.covenanteyes.com/pornstats.

13. «25 Discrimination Against Women in the Workplace Statistics», Brandon Gaille, 29 mayo 2017: https://brandongaille.com/23-discrimination-against-women-in-the-workplace-statistics/.

14. «Media Literacy», Teen Health and the Media, https://depts.washington.edu/thmedia/view.cgi?section=medialiteracy&page=fastfacts.

15. Oliver Harvey, Emma Parry, James Beal, y Nick Parker, «Inside the Horror Sex Slave Cult NXIVM That Blackmailed, Starved, and Branded Women's Flesh with the Founder's Initials», *Sun*, última actualización 23 abril 2018: https://www.thesun.co.uk/news/6117325/inside-horror-sex-slave-cult-nxivm/.

16. Tweets subidos bajo #WhyIDidntReport, Twitter, 21-24 septiembre 2018.

17. Ashley Massey (@IAmCardiganGirl), Twitter, 23 septiembre 2018: https://twitter.com/IAmCardiganGirl/status/10439489 36271187968.

18. Zeze (@CherlyStrayed), Twitter, post eliminado.

19. Barbara Chapnick (@WhyNotBikeThere), Twitter, 24 septiembre 2018: https://twitter.com/whynotbikethere/status/10442 36004826079234.

20. Tertiary Person (@KayThird), Twitter, 23 septiembre 2018: https://twitter.com/kaythird/status/1043953435039555584.

21. PPNYC Action Fund (@PPNYCAction), Twitter, 24 septiembre 2018: https://twitter.com/PPNYCAction/status/1044249 457737519105.

22. *Up and Vanished*, primera temporada, pódcast, dirigido por Payne Lindsey y Donald Albright, https://season1.upandvanished.com/.

Capítulo 2: Jesús, quien respeta a las mujeres

1. Wayne Grudem, *Evangelical Feminism and Biblical Truth* (Wheaton, IL: Crossway, 2004), p. 161.

2. Emma Green, «Beth Moore: The Evangelical Superstar Taking on Trump», *Atlantic* (octubre 2018), https://www.theatlantic.com/magazine/archive/2018/10/beth-moore-bible-study/568288/.

3. John Huffman, «Telemachus: One Man Empties the Roman Coliseum», Discerning History, 15 septiembre

2016: http:// discerninghistory.com/2016/09/
telemachus-one-man-empties-the-roman-coliseum/.

4. «Telemachus», OrthodoxWiki, 22 octubre 2012: https://
orthodox wiki.org/Telemachus.

Capítulo 3: La mentalidad machista

1. George Gilder, *Men and Marriage* (Gretna, LA: Pelican
Publishing, 1992), p. 34.

2. Tim Wright, *Searching for Tom Sawyer* (Bloomington, IN:
Westbow Press, 2013), p. 55.

3. Robert Lewis, *Raising a Modern-Day Knight* (Carol Stream,
IL: Tyndale, 1997), p. 47.

4. «Ballerina Speaks Out on Lawsuit over Alleged Sharing of
Nude Photos», ABC News, https://abcnews.go.com/GMA/
News/video/ballerina-speaks-lawsuit-alleged-sharing-nude-
photos-57667029.

Capítulo 4: Qué significa ser «un verdadero hombre»

1. «Shadow-Boxing Tough Guy Should Protect Home-Alone
Japanese Women», Reuters, 21 abril 2018: https://www.reuters.
com/article/us-japan-shadow-boyfriend/shadow-boxing-
tough-guy-should-protect-home-alone-japanese-women-
idUSKBN1HS09E.

Capítulo 5: La cruda verdad sobre el sexo

1. «Passport2Purity», FamilyLife Today, https://shop.familylife.
com/t-fl-passport2purity.aspx.

2. Stephen Arterburn y Fred Stoeker, *Every Young Man's Battle*
(Colorado Springs, CO: Waterbrook, 2002), p. 218.

3. Alan D. DeSantis, *Inside Greek U.: Fraternities, Sororities,
and the Pursuit of Pleasure, Power, and Prestige* (Lexington:
University Press of Kentucky, 2007), p. 69.

4. Roland Warren, «Your Past Sins Hindering Your Parent/ Child Relationship Today? Read This», Patheos, 1 julio 2018: https://www.patheos.com/blogs/rolandwarren/2018/07/ past-sins-hinder-parent-child-relationship/.

Capítulo 6: La epidemia de pornografía

1. «Pornography Statistics», Covenant Eyes (ver cap. 1, n. 12).
2. «Pornography Statistics», Covenant Eyes.
3. «Pornography Statistics», Covenant Eyes.
4. Para más información, visita Circle: https://meetcircle.com; Covenant Eyes: https://www.covenanteyes.com; y X3Watch: https://x3watch.com.
5. Mo Isom, *Sex, Jesus, and the Conversations the Church Forgot* (Grand Rapids, MI: Baker, 2018), p. 64.
6. Josh McDowell Ministry, *The Porn Phenomenon: The Impact of Pornography in the Digital Age* (Ventura, CA: Barna Group, 2016).
7. Judith Reisman, Jeffrey Satinover, Mary Anne Layden, y James B. Weaver, «Hearing on the Brain Science Behind Pornography Addiction and the Effects of Addiction on Families and Communities», Hearing of US Senate Committee on Commerce, Science & Transportation, 18 noviembre 2004: http://www.hudsonbyblow.com/wp-content/ uploads/2018/01/2004SenateTestimony.pdf.
8. Steven Stack, Ira Wasserman, y Roger Kern, «Adult Social Bonds and Use of Internet Pornography», *Social Science Quarterly* 85 (Marzo 2004): pp. 75-88.
9. Isom, *Sex, Jesus, and the Conversations*, p. 22.
10. Jennifer P. Schneider, «Effects of Cybersex Addiction on the Family: Results of a Survey», *Sexual Addiction and Compulsivity: The Journal of Treatment and Prevention* 7, n.º 1-2 (2000), pp. 31-58.

11. Samuel L. Perry y Cyrus Schleifer, «Till Porn Do Us Part? A Longitudinal Examination of Pornography Use and Divorce», *Journal of Sex Research* 55, n.º 3 (2018), pp. 284-96.

12. Jon K. Uhler, MS, LPC (@JonKUhlerLPC), Twitter, 4 diciembre 2018: https://twitter.com/JonKUhlerLPC/status/107007 1490022825985.

13. Bianca Britton, «Facebook Under Fire for Posts on Auction of Child Bride», CNN, 23 noviembre 2018: https://www.cnn.com/2018/11/20/africa/south-sudan-child-bride-facebook-auction-intl/index.html.

14. Deborah Wrigley, «Toronto Businessman Brings Sex Robot Brothel to the Galleria Area», ABC 13 News, 21 septiembre 2018: https://abc13.com/technology/toronto-businessman-brings-sex-robot-brothel-to-the-galleria-area-/4306146/.

Capítulo 7: Lujuria y masturbación

1. Shaunti Feldhahn y Craig Gross, *Through a Man's Eyes: Helping Women Understand the Visual Nature of Men* (Colorado Springs, CO: Multnomah, 2015) [*A través de los ojos del hombre : una ayuda para que la mujer entienda la naturaleza visual de los hombres* (Medley, FL: Unilit, 2017)].

2. Max Lucado, *Ansiosos por nada* (Nashville: Grupo Nelson, 2017), p. 133.

3. Jeff Feldhahn y Eric Rice, *For Young Men Only: A Guy's Guide to the Alien Gender* (Colorado Springs, CO: Multnomah, 2008), p. 136.

4. Feldhahn y Gross, *Through a Man's Eyes*, p. 23.

5. Alex Harris y Brett Harris, «Do Hard Things Conference», DVDs, The Rebelution, https://www.dohardthings.com/conference.

Capítulo 9: Enseñando a tu niño las lecciones correctas

1. Tracy McVeigh, «For Japan's 'Stranded Singles', Virtual Love Beats the Real Thing», *Guardian*, 19 noviembre 2016, https://www.theguardian.com/world/2016/nov/20/japan-stranded-singles-virtual-love.

2. Passport2Purity (https://shop.familylife.com/t-fl-passport2purity.aspx) y Passport2Identity (https://shop.familylife.com/t-fl-passport2identity.aspx) están disponibles en FamilyLife Today en https://www.familylife.com/.

Dave Willis pasó trece años como pastor a tiempo completo y ahora es conferencista, autor, coach relacional, y presentador de televisión para MarriageToday. Trabaja con su esposa, Ashley, para crear recursos, redes sociales y eventos para edificar relaciones como parte del equipo en www. MarriageToday.com y www.xomarriage.com. Tienen cuatro hijos varones pequeños y viven en Keller (Texas).

31901065937643